足跡

考古學家眼中的故道、
遠古人類與動物足印、史前車轍、朝聖路徑
一部始於足下、行不止息的人類移動史

A Journey into Our Restless Past
FOOTMARKS

吉姆・李瑞 Jim Leary——著　吳莉君——譯

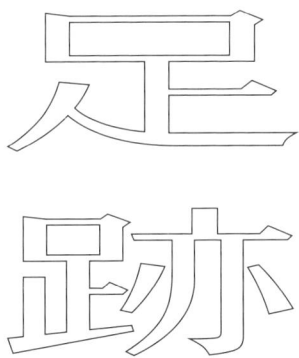

臉譜書房 FS0189

足跡

考古學家眼中的故道、遠古人類與動物足印、史前車轍、朝聖路徑——一部始於足下、行不止息的人類移動史

Footmarks: A Journey into Our Restless Past

作　　者　吉姆・李瑞（Jim Leary）
插　　畫　蜜雪兒・休斯（Michelle Hughes）
譯　　者　吳莉君
責任編輯　許舒涵
行　　銷　陳彩玉、林詩玟
業　　務　李再星、李振東、林佩瑜
封面設計　蕭旭芳

副總編輯　陳雨柔
編輯總監　劉麗真
事業群總經理　謝至平
發 行 人　何飛鵬
出　　版　臉譜出版
台北市南港區昆陽街16號4樓
電話：886-2-2500-0888　傳真：886-2-2500-1951
發　　行　英屬蓋曼群島商家庭傳媒股份有限公司城邦分公司
台北市南港區昆陽街16號8樓
客服專線：02-25007718；02-25007719
24小時傳真專線：02-25001990；02-25001991
服務時間：週一至週五上午09:30-12:00；下午13:30-17:00
劃撥帳號：19863813　戶名：書虫股份有限公司
讀者服務信箱：service@readingclub.com.tw
城邦網址：http://www.cite.com.tw
香港發行所　城邦（香港）出版集團有限公司
香港九龍土瓜灣土瓜灣道86號順聯工業大廈6樓A室
電話：852-25086231　傳真：852-25789337
電子信箱：hkcite@biznetvigator.com
新馬發行所　城邦（馬新）出版集團
Cite（M）Sdn. Bhd.（458372U）
41, Jalan Radin Anum, Bandar Baru Seri Petaling,
57000 Kuala Lumpur, Malaysia.
電話：＋6(03)-90563833　傳真：＋6(03)-90576622
電子信箱：services@cite.my

一版一刷　2025年3月

城邦讀書花園
www.cite.com.tw

ISBN　978-626-315-605-0（紙本書）
EISBN　978-626-315-604-3（EPUB）

定價：NT$450

《足跡》好評

「清晰、詩意、迷人——一趟穿越時代、跨越地景的美麗旅程。從遠古人類的腳印到低塹路，從趕牛道到朝聖路，李瑞探索古往今來的行旅如何將我們塑造成人。」

——愛莉絲．羅伯茲（Alice Roberts），解剖學家、作家暨廣播節目主持人

「引人入勝、權威可信、充滿迷人的往日故事。本書告訴我們，生命並非如常言所道以壁爐和住家為中心，而是由沿著小徑步道行不止息的移動所塑造。李瑞聚焦於移動性，重新讓過往活躍起來，並讓我們看到，自古至今，遷徙如何隱而不顯但至關重要地塑造著人類世界。」

——雷．米爾斯（Ray Mears），叢林生存專家、作家暨廣播節目主持人

「一本溫柔、親近、淺顯易讀的書籍，為人類過往的種種活動、努力和非凡決定賦

予生命。」

——茱莉亞・布萊克本（Julia Blackburn），《時間之歌》（*Time Song*）作者

「我愛這本書。作者以深入淺出的方式敘述人類如何及為何跨越陸地海洋，在地表四處移動。內容含括史前足跡、古羅馬和中世紀道路，以及古代舟船的迷人故事。這本書的獨特之處在於，所有討論都是放置在當時的生活脈絡之下：是誰使用這些路徑或船隻？以及他們為何要這樣做？」

——法蘭西斯・普萊爾（Francis Pryor），考古學家暨作家

「本書帶領我們踏上一段宏偉旅程，追溯人類移動的迷人歷史和行不止息的模式。從古代孩童的嬉戲攀爬，到各種形式的漫步、跋涉、奔走和流浪，李瑞探索了考古學能以哪些方式揭露過往生命的動態，以及我們如何打造腳下路徑又被腳下路徑所塑造。細節豐富、筆調輕快、滿懷深情、精采迷人，這本書讓我們看到，我們都是一支迴旋千萬年的龐大舞蹈的一分子。」

——麗貝卡・拉格・賽克斯（Rebecca Wragg Sykes），《親族》（*Kindred*）作者

「考古學寫作的最佳範例：清晰、理性，並與過往真實常民的真實生活緊密交織。看過這本書後，你會以全新視角思考歷史遺址或漫步其中。」

——瑪莉—安・歐喬塔（Mary-Ann Ochota），廣播節目主持人暨人類學家

「閱讀本書是一大享受。是與先祖的一場共舞，穿梭在時而親密熟悉，時而大膽探索的場景中。李瑞讓遠古過往活了起來，藉此提醒世人，無論精神面或實質面，我們並非遠古過往的遙遠旁觀者，而是其產物。」

——愛咪—珍・畢爾（Amy-Jane Beer），博物學家暨《擁抱流水》（*The Flow*）作者

「李瑞帶領我們進入鮮少有人探索的古代移動領域。我們與人類遠祖和尼安德塔人同行，探索深邃洞穴，放牧牛群，變身朝聖者、海洋旅人和長途步行者……這些文字優美、引人入勝的文章，融合了個人經驗與考古和歷史智慧，催生出一本真正原創的非凡作品，對過往有深刻思考。值得閱讀並獲啟發！」

——布萊恩・費根（Brian Fagan），加州大學人類學榮譽教授暨作家

「我們在魅力、機智與溫暖的引領下，走進另類考古學的領域，在那裡，移動與流動性取代了定居與定居文化……本書提醒我們，那些無休止的旅程和沿途最有意義的一些經驗，除了我們的足跡之外，並未留下任何印記。」

——艾力克斯・朗蘭茲（Alex Langlands），《匠心》（*Cræft*）作者

「引人入勝、熱情洋溢。本書是一趟迷人的漫步，穿越人類遊走四方的深層歷史。人類曾以哪些方式行走在地球之上，凡是思考過這類問題的讀者，都會在閱讀此書時深感愉悅。一本成功之作！」

——詹姆斯・坎頓（James Canton），《橡樹筆記》（*The Oak Papers*）作者

「考古學家擁有時間旅行的超能力。他們挖掘出冰冷的爐灶和更加冰冷的墳墓，但如同李瑞在這本扣人心弦的作品中所展示的，過往也曾經熱血沸騰、生動活躍、充滿了與我們一樣有愛會笑之人的遷徙和移動。」

——約翰・哈里森（John Harrison），得獎旅遊作家

「李瑞傾注考古熱情的對象是『路徑勝於陵墓』，而《足跡》一書對人類漫遊的探索鮮活有趣，符合期待。《足跡》將多采多姿、複雜萬端的歷史與我們今日的生活方式繫連起來，並對一些明顯的誤解做了澄清。這本引人入勝且高度原創的作品，將改變我們對地景的思考，並讓我們重新審視人類在地景中所扮演的角色。」

——伊恩．卡特（Ian Carter），《人類，自然》（*Human, Nature*）作者

「一本動人、啟人、迷人之作。李瑞是一名絕佳嚮導，帶領我們穿越行不止息的人類歷史。」

——羅伯．考恩（Rob Cowen），《共有之地》（*Common Ground*）作者

目次

第四篇　往返

第五篇　英雄旅程

作者簡介

吉姆・李瑞博士是考古學家、約克大學（University of York）高級講師，以及古物學會（Society of Antiquaries）會員。主持過英國各地重要的挖掘工作，包括威爾特郡（Wiltshire）的錫爾伯里丘（Silbury Hill），當地是歐洲規模最大的新石器遺址。李瑞熱愛步行，研究焦點集中在過往人類的移動方式上。

獻詞

獻給老媽、老爸、皮爾斯和賈斯汀

時間軸

距今（BP）	
舊石器時代（在不列顛約莫是距今10,000年至12,000年）	
3,660,000	萊托利腳印
1,520,000	庫比佛拉腳印
950,000–850,000	哈皮斯堡腳印
135,000	西奧佩特拉洞穴腳印
130,000–100,000	尼安德塔人已航行到克里特島
80,000	勒羅澤腳印
50,000	人類已航行到澳大利亞
25,000–20,000	威蘭德拉湖區腳印
17,200–16,500	人類使用奧杜貝爾山洞穴
14,000	女巫洞腳印

西元前（BCE）	
中石器時代（狩獵採集者，在不列顛約從西元前10,000年至西元前4000年）	
9300–8500	斯塔卡爾中石器遺址使用中
7000–4000	福姆比角腳印
5700–4000	史凱特霍姆中石器墓園使用中
5500–5000	塞汶河口腳印
新石器時代（最初的農人，在不列顛約莫是西元前4000年至西元前2500年）	
3807/6	興建出斯威特棧道

約3500	馬匹在哈薩克首次馴化 （但直到西元前2200年才變成常規坐騎）
約3500	輪子最早在歐陸部分地區使用
3500–3000	不列顛開始建造長形圍場
3230	「奧茲」冰人去世
2500–2000	不列顛各地興築大型紀念建物：錫爾伯里丘、馬登圓形圍場、聖所、巨木陣、艾夫伯里等等

銅器時代（在不列顛約莫是西元前2500年至西元前800年）

2380–2290	阿美斯伯利弓箭手去世
2049	海木陣興建
約1800	建造出東約克郡的北菲力比船隻
1750–1550	內布拉星象盤使用中
1740–210	優芬頓白馬雕鑿出來
1575–1520	建造出多佛銅器時代船隻——歐洲最古老的航海船隻
1400–1300	特倫霍姆馬拉太陽神戰車使用中
1370	艾特維女孩去世
約1300	史克里斯楚普女子去世
約1300	輪子傳入不列顛
約1100–800	馬斯特農場聚落使用中

鐵器時代（在不列顛約莫是西元前800年到西元前43年）

約600	製作出魯斯卡爾小雕像
405–380	圖倫男子去世
400–200	格勞巴勒男子去世
350–150	波克林頓馬車墓葬
200–5	建造出鋭石山鐵器時代道路

2–西元後119	林多男子去世

西元後（CE）

中世紀（450年至1500年）

500–700	薩頓胡古墓使用中
750–1066	維京人在不列顛周圍活動
1061	興建出瓦辛漢聖母聖龕
1066	斯坦福橋會戰（諾曼人征服）
約1200s	建造出沙特爾大教堂地板迷宮
1285	溫徹斯特法
1388	劍橋法
約1400	喬叟《坎特伯里故事集》完成
1414	興建出肯尼沃斯堡的愉園
1450–1700	早期圈地運動進行中
1500	沃倫柏西村大部分遭廢棄

後中世紀（1500年以降）

1530	亨利八世批准「埃及人法」
1549	凱特叛亂爆發
1700–1900	國會圈地運動進行中
1858	伯娜黛特・蘇比胡斯多次看到聖母顯靈後，盧德搖身一變為朝聖景點
1870	歐斯曼的巴黎改造計畫完成
1930	甘地展開食鹽長征
1932	發生金德斯考特擅自侵入事件
1977	約翰・屈伏塔在《週末夜狂熱》裡踩出他的酷炫步
2003	我哥哥皮爾斯去世
2011	「占領」運動展開

第1篇

追本溯源

第1章　靜止的過往

本章講述一起個人悲劇引發另一種思考過往的方式

想像一下，我們居住的世界一動也不動。想像我們所有人瞬間凍結，幾個世紀後被人發現時，我們仍維持此刻的模樣。未來的考古學家會在我們居住的場所或我們移動的路徑上發現什麼意義？那些考古學家會如何看待你此刻所在的場所？

當移動消失，場所的意義就會流失大半。有太長的時間，考古學家一直把焦點鎖定在靜止不動的事物上，試圖從中了解過往的歷史。不這樣做還能怎麼辨呢？但生命並

不靜止。活著就會動。靜止即死亡。

二〇〇三年十一月十二日上午六點半，我哥哥在一條繁忙的鄉村道路上通勤。他剛結婚，搬了新家，換了工作，滿心樂觀迎接他的湖區（Lake District）新生活。樹叢發出一陣沙沙聲，讓皮爾斯嚇了一跳。一道影子如火焰般閃過——或許是狐狸？方向盤一抖，他的車子突然轉向。轉向變成打滑，而且滑過車道，滑出他該行駛的空間，滑進迎面駛來的車流。一聲巨響，撞擊，輾壓。血肉、玻璃與金屬齊飛，生命戛然而止。

皮爾斯大我十九個月。他的死亡有時依然鮮明，宛如昨日，而非陳年舊事。但生活仍在繼續——我的生活，我家人的，他妻子的。我有照片可牢牢記住他的模樣，我常看著那些照片，儘管家裡只擺出三張陳列，其他都塞在樓梯下的盒子裡。其中一張是我們小時候拍的，大概五、六歲，與小弟賈斯汀站在我家花園裡，三個人都身穿睡衣，無憂無慮。另一張是在他婚禮上拍的，他一身西裝繫著領巾，一手摟著母親，露出尷尬笑容。第三張是標準尺寸的小照片，裱在夾式玻璃相框裡。它放在客廳窗台上，倚著一只陶碗。長年日曬讓照片褪了顏色，有一天，它將徹底消失，一如我的記憶。

最後這張照片是同事在他告別派對上拍的，就在他搬到北部且發生那起要命事故的兩三天前。皮爾斯凝視鏡頭，衣領豎起，食指伸出，大拇指上翹，像是在模仿美國情境喜劇《歡樂時光》（*Happy Days*）裡方奇（Fonzie）說「Ayyy！」的模樣。這是捕捉在底片上的一瞬；一個轉眼即逝、早已消失的片刻，展現出他的幽默和歡樂。他在派對上與朋友告別，當時的他正站在新舊工作的交界上、新舊居所的交界上，以及生與死的交界上，儘管當時的他並不知曉。

我的孩子只能透過這些照片認識他，在這一系列靜照中，他永遠是二十九歲，永遠是新婚不久。而我們這些認識他的人，記得他溫暖有趣，充滿歡笑與活力。我們記得他開的玩笑，記得他輕鬆愉快的交友方式，記得他獨一無二、左搖右擺、活力四射的走路姿勢。但隨著時光流逝，他似乎也封凍在靜止的過往裡。

這點可套用在所有的歷史上。曾經，歷史溫暖而富有活力。又或者，冷酷、黑暗且悲慘。但無論如何，絕非靜止不動。哥哥的去世，改變我看待過往的方式。我想讓過往保持生機。我不想要皮爾斯或歷史的任何一部分變得呆滯不動。我想讓過往恢復活力——所有的過往！

在這本書裡，我將探索數百萬年來人們如何移動，藉此讓過往活躍起來。

下面是一個不同的故事。

在一個暖熱夏日，四名年輕成人沿著河口邊緣出發。他們並排朝東南走去。每踏出一步，他們的光腳就陷入柔軟的河口濕泥裡，泥巴從他們的趾縫中擠出，緊裹住他們的腳跟。泥巴隨著他們的移動發出吸吮擠壓之聲。背景處傳來河口禽鳥的鳴叫和緩緩退潮的聲響，微風吹過，泛起漣漪。孩童的興奮嘰喳與父母的遙遠呼喊，打破這一切。

他們也許是要去收取某樣東西，也可能是送達之後正要回家。也或許，他們是要去做完全不同的事。也有可能，他們根本沒什麼事要做，只是出去散個步，感受曬在脖子上的夏日陽光，與踩在腳底下的濕涼軟泥。

他們踏著輕快腳步前進。某一刻，其中一人看到某樣東西，腳步向左偏移，與其他人的路徑交錯而過，與他們短暫聚集又分散開來。

附近，有個三、四歲的小孩跟一名略長幾歲的孩子一塊玩耍；也許是兄弟姊妹。年紀較小的孩子，無憂無慮地繞著另一人跳舞，在軟泥上留下不規則的腳印。足跡。年紀大的孩子舉起某樣重物——難道是那個小小孩？——感覺自己雙腳下陷，在地上留下更深更明顯的痕跡。

在另一處，有個人抬起腳步跨越河口，筆直朝西前進。步伐堅定，目標明確。這個人穩步向前，雖然在軟泥中滑倒兩次，雙腳併攏暫停了一會兒，卻還是繼續往前走。

諸如此類的移動就是生活。這類移動可能發生在任何時間、任何地方——今天、昨天、上個世紀。而上面描述的這些事，就發生在西元前第六個千年尾聲與第五個千年開始之際，屬於所謂的中石器時代（Mesolithic）；這個時期人類尚未農耕與畜牧，是靠狩獵與採集維生。他們所在的地方稱為戈德克里夫（Goldcliff）；那是塞汶河口（Severn Estuary）一連串黏稠發亮的泥灘，位於威爾斯（Welsh）城市紐波特（Newport）東南方。今日，除了漁夫、沙蟲採集者和零星的一小隊考古學家，幾乎無人造訪這塊荒蕪之地，但它曾經是好幾代人的家園。

證據來自於一條古河道邊緣帶狀沉積物裡的腳印痕跡。最清楚的腳印是在細粒淤泥中發現的，那類淤泥是在春夏月份積澱而成。從某些腳印中，你能看到泥土的裂隙，說明腳印是在炎熱季節留下的。這些印記在隨後的秋冬月份，被粗粒的沙質沉澱物封存，保留下來，供日後的考古學家發現與挖掘。

這些破碎的化石印記顯示出人類和動物的移動軌跡。我們可從中記錄步伐的長度，以及每個人行走的步調。跑得愈快，腳印的距離愈遠。緩慢平穩的速度會留下規則的腳印，形成緊密的足跡。根據足跡的大小，可推測他們的年齡和身材。

最重要的是，它們為人類真實存在的生命之流提供了具體證據。他們在我們今日居住的世界裡生活過、歡愛過，並在這塊土地上死去；他們**藉由移動穿梭**去理解他們身處的實體世界。

他們的腳印證實了人類亙古不變、難以抗拒的漫遊欲望。但這些腳印無法道盡的部分，同樣令人著迷。這些人是在閒閒做著一旦完成就會忘記的日常瑣事，還是在進行有著明確目標、可能會談論好幾年的人生旅程？對考古學家而言，這兩類移動都至關緊要，都能讓我們更加理解過往。

考古學向我們展示的，往往是冰冷的爐灶和更加冰冷的墳墓，但過往也曾經熱血沸騰、生動活躍。看待過往時，若將我們行不止息的生活方式帶入其中，一切都會變得不一樣。有關我們的起源以及有關今日人類自身的種種想法，都會更加振奮人心。

如果當時沒有踏上旅途，人類很可能在非洲努力掙扎一小段時間，然後就走向滅絕。我們有能力在與生俱來的好奇心驅使下長途跋涉，正是我們之所以能占據地球上幾乎每個角落的原因所在。移動造就了我們今日與過往的一切。

數學家常說，他們好像存在於兩個平行世界：一個是真實人生，另一個是潛在於深層、秩序井然、萬物相連的數學世界。我覺得這也適用於考古學。我有正常的起居生活，但圍繞在我四周的，卻是另一個更陰暗的世界。一個屬於感知和聯覺（synesthesia）的世界，由來自過往的各種回聲所組成。我留意田野的隆起、下陷和脊線，留意樹籬的排列，留意格格不入的建築和形狀異常的街道。無論我想不想要，我的大腦都會啟動開關飛速運轉，試圖理解這一切，試圖找出關聯順序，弄清來龍去脈。走在小徑上，我會觀察沿路的特色和植物，觀察小徑的侵蝕深度，看兩邊是否有土堤、乾砌牆或樹籬，如果有的話，再看樹籬是成熟有形或茂密雜亂，主要是山楂樹或其他樹種。正如我們稍後會看到的，這些細節都可能透露出許多真相。在我行經一片地景時，我會盡可能在腦海中重建它的歷史，努力感受過往的腳步。

我猜想，可能所有的考古學家都一樣。

我不清楚究竟是在哪個時間點，自己開始對考古學感興趣，但我知道，這和皮爾斯有關。早在我起心動念之前，皮爾斯就想在大學攻讀考古學。後來因為機遇使然，他走上更偏向歷史學家的道路。不過我認為，我們的興趣更早之前就已開啟。小時候我們住在賽普勒斯。房子四周圍繞著地中海灌木叢，裡頭有古羅馬和古希臘的陶器碎片散落其間，宛如沙拉裡的橄欖。有一次，皮爾斯在住家附近的海中浮潛時，發現一隻被沖進淺水灘的雙耳瓶，並將它拉了出來。赤陶色，只剩下瓶頸和把手，長約一英尺。如果將灰白色的海洋沉積物清除掉，觸感應該十分光滑。當我踩著海水，用泡得皺巴巴的濕鹹雙手轉動它時，打動我的並非它的年歲或形狀，也不是它可能傳達的貿易相關的訊息，而是完全不一樣的東西。是曾經按壓在把手頂端然後火燒成陶的一枚拇指印，那很可能是製陶人留下的。這枚印記向我訴說當初的製作實況，告訴我那團柔軟可塑的泥土是什麼感覺、什麼氣味，也告訴我這一切所蘊含的人性。歷史——上古和古典時期的歷史——可能會以龐大的規模震懾我，但在這隻殘破的陶瓶上，我感覺到與另一個人的私人連結——一個在我想像中與我一樣的人類。

皮爾斯去世後，我接收了那隻殘破的雙耳瓶。至今我依然留著，也依然能感受到與過往的連結。那份連結有個名字：它叫考古學。

當你經過今日某個營造工地時，很可能會瞧見一群考古學家正在努力挖掘過往生活留下的坑洞和柱孔，他們得在住宅、辦公室或其他新建築摧毀這些痕跡之前，努力搶救。一九九〇年代，在我取得學位踏出職業生涯的第一步時，就是進入這樣一個因為工程開發而出現的考古學世界。在這些挖掘行動中，我們就像電影《阿甘正傳》（*Forrest Gump*）裡的阿甘，隨機將手伸進巧克力盒：永遠不知道接下來會挖到什麼。會是深埋在城牆內的中世紀或古羅馬沉積物嗎？會是柯芬園（Covent Garden）裡一整排薩克遜人房舍嗎？又或者什麼都沒有，只有自然地表上的現代瓦礫？我愛死這工作了！友誼在未知與艱難的情境下茁壯，愛情也可能在對話與分享共食的午餐盒中盛放。我就是在泥濘骯髒的考古學家工寮裡，遇見了我後來的妻子。

有時，我們會在建築物的地下室裡挖掘，周遭的拆除工作持續進行，但我們更常露天開挖，旁邊是先前建築物的殘垣斷壁，或瓦礫遍布、用木製施工圍籬圍起來的棕地（brown site）。（偶爾我們會發現，竟然可以在令人愉悅的綠地上挖掘，雖然機率很低，但確實發生過。）在我們旁邊工作的，通常是當時已經頗有年紀的愛爾蘭人。他們在工地上替新建築挖洞，但也會關照我們愈挖愈深的槽溝，確保槽溝安全無虞，必要時會幫槽溝做些支撐。他們也會監看並維護我們愈堆愈高的土丘。這些人經常扮演我們的生命線。他們友好、迷人，總是很風趣，別看這些老兄在工地上穿著皺巴巴、灰撲撲的亞麻夾克，他們才是挖掘專家，是真正的鏟子達人。那一身技能是他們用幾十年的體力活換來的。他們也深知一杯好茶和一個精采玩笑的價值。機械操作員也很重要。一個好的操作員可以搞定一整個工地。當時有個最厲害的操作員贏得所有人尊敬，外號是「油槍吉米」（Grease Gun Jimmy），因為他每隔幾分鐘就會給挖土機的怪手上油，好讓運作更順暢。看他操作挖土機就像欣賞專業芭蕾舞者的表演：人機一體，機械手臂和鏟斗簡直就是他手臂與手掌的延伸。這些人很多都是在一九六〇和七〇年代從愛爾蘭移居倫敦，從事營造業。一群追求工作、冒險和不同人生的移民。今日只有極少數還留在倫敦：很多都在二十一世紀第一個十年的金融危機期間返回愛爾蘭，而且我敢說，有很多恐怕已不在人世——想到這件事就很難過。

我總是對考古工作地面上與地面下的對比感到驚奇，地面上是各種徒手和機器挖掘的動作，是人流不息的喧囂，但我們卻覺得地面下的先民是過著靜止不動的沉默人生。

幾年後，我替當時的「英格蘭遺產」（English Heritage，後來改名為「英格蘭歷史遺產」〔Historic England〕）工作，挖掘出一些宏偉的古代遺址。威爾特郡皮尤希谷（Vale of Pewsey）的馬登圓形圍場（Marden henge）就是其中之一。在本書後面我們還會再詳細看看這處巨大的新石器遺址，但在二〇一〇到二〇一五年的挖掘期間，我們在內部發現一塊保存良好的白堊地板，屬於四千五百年前的一棟建築物。巨大的爐床占據地板中央，爐火四周的地板上，散落著陶器和燧石殘片，就在它們當初掉落之處。屋外有一堆豬骨，代表當初曾有帶骨一起火烤的大肉塊。豬骨中間混雜著新石器時代的有槽陶器（Grooved Ware）——因為表面刻有幾何圖案的裝飾凹槽而得名。大型的有槽陶鍋是平底的，類似水桶，可能是用來烹煮食物，特別是煮豬肉；小型的有槽陶鍋大概是用來盛裝食物和飲料，包括牛奶，也可能有啤酒。這堆東西並非長期累積下來的垃圾堆，而是某次活動製造出來的；是一場盛宴的殘留物。新石器時代的一道土堤將它們覆蓋住，保留到數千年後，由我們發掘出來。這場景是一生只有一次的驚人大發現，但真正讓我震驚的，是它看起來簡直像昨夜狂歡後的清晨；樂聲不再，杯盤狼藉，所有的派對賓客都走了。在新石器時代，這類盛宴會伴隨著音樂、舞蹈和旋轉；講故事、吟唱和閒聊。說得一副我很清楚的樣子——我當然不清楚，但基於我們對人性的理解，這種猜想並非毫無道理。我們通常不會去思考這類事情。焚燒木頭、烤豬肉和啤酒的氣味，加上閃爍的火光、花俏的服飾，說不定有人還吃了會致幻的菇類，誰知道呢，這一場令人興奮的感性饗宴。

可惜，考古學家總是錯過派對。而我們挖掘出來的這種靜止狀態，又影響了社會對於過往的理解。每當發現一處保存完善的考古遺址時，報章頭條就會用「時間凍結」之類的文字來形容。「英國的龐貝」是另一組愛用的詞。這些說法表示，當時發生了某種大災難事件，使得這些遺址一動也不動。人們靜止，有如雕像，雙臂因恐懼而舉起。隨著講述過往的電影出現，這種心態也開始有了轉變。例如，拜《侏儸紀公園》這類電影之賜，今日人們很容易想像恐龍怎麼移動，無論電影的內容是否正確。不過，考古學直到今日還是太常以靜照的方式呈現。移動的重要性被忽略了。

威爾特郡錫爾伯里丘的新石器巨大土丘是「英格蘭遺產」挖掘的另一座精采古蹟。在二〇〇七到二〇〇八年，我用了一年多帶領一支考古學家團隊挖掘一條隧道進入土丘中心，讓工程師得以將丘頂肉眼可見的崩塌情況穩固下來。我們也希望能藉此了解土丘的建造方式，探查一下可能的建造原因。我們在隧道裡工作那段時間，最引人注目的一項發現是，從土丘建造那一刻起到中世紀甚至可能更晚，它一直不停變動、不停增加、不停挖掘、不停改變與調整。這與當時乃至今日管理它的方式大相逕庭；土丘覆蓋著修剪整齊的綠草，很像郊區公園或高爾夫球場，人類的所有痕跡悉數移除，彷彿保存在肉凍裡或玻璃罩下。這是一件需要保護的珍貴文物，以免受到外界危害。你可能會說，這樣做很正確，但這種做法確實將當時不存在的靜止狀態硬是強加在土丘之上。這讓我想起，口述故事是透過親子之間代代相傳：口述故事是會與時俱變的活物，然而一旦被寫下來，就會變成不能干擾的靜止狀態。而這可能會讓故事失去生命力。[1]

當我跟其他考古學家提到我正在書寫一本和過往移動相關的書籍時，他們偶爾會回道：「人類當然會四處移動。我們都知道！這很明顯！」

有些時候，顯而易見的事情需要闡述，它的重要性才能重新被看見。而且有些時候，顯而易見的事物就是我們僅有的一切。我們必須仰賴它，才能對遠古人類的生活方式做出最佳推測。當某人有了新發現時，我們可將原先的推測（如果證明是錯的）排除，或以新發現（如果它已獲證實）為基礎，做出進一步推測。而做出這些推測的途徑之一，就是去思考我們自身在當下和晚近歷史上的移動方式。我們可以自問，這些移動是受到特定的文化影響或出自人類的本能——如果是出自人類的本能，我們就能假定，我們的祖先也曾以這些方式移動過。

長久以來，人們總是傾向把焦點放在固定不動和比較具體的過往元素上——放在「地方場所」（places）上，而非往來、圍繞於這些地方場所的移動上。

一方面，這可以理解，因為「地方場所」有東西可觀看和挖掘。我們可以「置身於」某個聚落，可以「走」去某個古蹟。考古學家喜歡界限明確、可以圈圍起來的遺址；如果這處遺址具有國家級的重要性，還可將它指定為「在冊古蹟」（Scheduled Monuments），用法律加以保護。我們喜歡設定界線，將遺址轉變成盛裝了考古學文物以及框定給考古學使用的空間。[2]

但如果**只**研究遺址，我們就會不經意將靜止感強加在過往之上——這會使過往失去魅力，剝奪了其中所有的驚奇。

閱讀有關人類或物體移動的書籍文章時，若作者只提及人類或物體來自何處，或去向何方，卻沒談到任何有意義的移動過程，我會非常失望。

因為移動的過程才是生命的重要元素。正如人類學家暨思想家提姆．英格德（Tim Ingold）呼應旅人作家布魯斯．查特文（Bruce Chatwin）所說的：「生命並非於定點展開，而是沿路鋪陳。」[3]如果我們不關注人類的移動，就會錯過行動、錯過真實的人生。

地方場所當然重要。但我們也該理解，是人們無休止的穿梭移動模式造就地方場所的存在：從一個房間到另一個房間，進出商店房舍，行經縱橫交錯的巷弄、廣場與街道。地方場所是設計給人進出和移動的，是充滿生命脈動的，一如我們今日所見。[4]

移動性公然挑戰了界限明確的遺址或古蹟觀念。對所有遺址的管理人員而言，路徑是特別難保護的，因為路徑是綿長、線性的，還會跨越許多人的私有土地。路徑也跟古蹟的概念相反，因為路徑經常是踩踏出來的，而非興建起來的；是負形而非正形。然而，路徑的重要性卻不遑多讓。事實上，路徑甚至更加重要：路徑代表的並非少數建造者在某一特定時期的活動，路徑代表的是許多人類在漫長時間裡的足跡，這點我們會在後面以專章探討。英格蘭的「在冊古蹟」約有兩萬件，只有一小部分是受到保護的低塹路（holloway）——因磨損而比兩旁地表低陷許多的路徑——而且幾乎都是當成其他古蹟的一部分順帶被列入名單。幾乎沒有哪條道路是因為自身固有的重要性而登錄在冊。它們無法自動享有其他更具外顯性的考古遺址所得到的保護。誰知道目前究竟有多少條低塹路；我甚至懷疑，是否有人曾以審計其他古蹟的方式審計過這些低塹路。而審計正是一切保護的起點。

在我居住的村莊裡，有一座中世紀土丘圍牆城堡（motte and bailey castle）的殘餘土方被列入在冊古蹟，但那些錯綜複雜、輻射四散的低塹路卻不在保護之列，即便它們的土方工程絲毫不遜於同時代甚至更早的土丘圍牆城堡。因此，低塹路的地主們可以隨意將土方清除，他們也的確這樣做了。或者，地主會把土方挖深，然後在底部鋪上磚石材料，就像我最近走過的其中一條。你或許會說，它至少保存到現在了，但就像寫成文字的口述故事或被釘死的蝴蝶標本，那都不再鮮活。在我看來，這是莫大的遺憾。而這只是我親身經驗的小小案例。如果將這問題擴大到英倫三島，擴大到全歐洲乃至其他地區，你就會開始看出問題的嚴重性。這正是我們為何要在考古學裡談論移動的原因之一。

移動如此自然、如此日常，所以很容易被忽略，然而一旦我們忽略它，就會錯失真實的行動。追尋足跡，我們能找到路徑的紋理以及它們連結的地方。我們能聽到聚落生氣勃勃、充滿忙碌人群；聽到生意的喧囂、街頭小販的叫賣，以及酒館的嘈雜。我們看到八卦沿著巷弄傳播——巷弄就是真實生活上演的渠道。各式各樣的節奏如脈搏般在地方與路徑間跳動。想想那些往返於雅典市集廣場、中世紀城堡和皇宮的活躍路徑。想想十九世紀巴黎中產階級沿著修剪整齊的大道悠閒漫步的公園。或想想民眾日常通勤的馬路。

當我們把焦點轉換到人們移動的路徑，我們就能把過往曾經擁有的動感與活力再次注入，讓過往活在當下。你不妨嘗試一下：下次在博物館觀看著不動的文物時，花個一秒鐘想像一下它們訴說了哪些人類的移動。那會改變你的視角。這就是我為本書設定的任務：重新思考我們周遭靜止不動的文物、古蹟和道路，讓它們重新動起來。

我想挖掘人類移動的精采故事，不僅是因為我喜歡分享這類故事，也是因為考古學的新發展正在改變我們對於古老祖先生活方式的基本認知。考古學家、骨骼學家、同位素專家和遺傳學家正在對許多既定想法提出挑戰，例如：狩獵採集真的比農耕更具移動性嗎？女性旅人總是比男性受到更多限制嗎？農耕和金工這類重大創新真的是由移民引入的嗎？史前社會真的有魅力型的冒險領袖嗎——有屬於他們時代的南極探險家夏克頓（Shackleton）和紐西蘭探險家艾德蒙·希拉瑞（Edmund Hillary）嗎？

行走的過程很少會沿著一條有頭有尾有中間的直線。它會像蛛網一般複雜，經常繞道、岔出、重新與道路連結，且難免有折返。只有在回顧時，才會看出你一直在創造路徑。本書也會採取類似的走向。我們將穿越數百萬年，走過舊石器時代、中石器時代、新石器時代、銅器和鐵器時代，然後跨越有文字記載的歷史時期，與鐘形杯先民（Beakers）、維京人和法國印象派等文化和族群相遇。我們會在泥濘中跋涉，會騎自行車，會騎馬乘船。大多數時候，我們會在英國及其周邊活動——鑽進墓塚下方、繞著巨石陣打轉、闖進私人領地、在沙灘上弄濕雙腳、在牛津郡的林地間漫遊、在倫敦金融城的街道下挖掘。但偶爾，我們也會出現在更遙遠的他方：非洲、丹麥、阿爾卑斯山、俄羅斯大草原和土耳其。

我們會利用最先進的科學與技術，分析古人牙齒和骨骼中的化學同位素，計算年輪，並繪製古代整體人群的DNA圖譜。

會有一群傑出非凡的人物與我們同行，包括考古學家、人類學家、作家、社會學家，甚至還有一些電影明星。我希望，在他們的協助下，能為直到最近都還難解如謎的一些事物找到解答，並與你們分享我的喜悅和興奮。

閱讀本書時，你或許以為會沿著一條特定的路線前進，卻發現我們突然轉了彎。我希望你能享受這種走法，並從中找到你最感興趣的內容——一如我對七千年前塞汶河口那幾位漫遊者的想像，他們可能會中途停下，拾起吸引目光的東西。

換句話說，歡迎光臨嶄新的「移動考古學」（mobile archaeology）：關注移動的考古學，它的火炬正閃動光芒，企圖照亮先前看不清的晦暗過往。

人類總是在移動；打從我們出生那刻起，甚至在我們出生之前，移動就是我們的本性。因此，我們的旅程將從人類的身體開始。我們將探討，行走是怎樣的一種感官體驗，我們又是如何將行走轉變成一種時尚意識和特定文化：轉化成一場表演。

我們會看到，移動性對於個人、時代和文化有著不同的意義：移動可能代表自由、機會和進步，也能代表束縛與反叛。移動一直被歷史化、浪漫化，但也令人恐懼並受到限制。

我們的旅途將包括一百萬年前留在英國諾福克（Norfolk）北部海岸的足印軌跡，以及早期狩獵採集者留在法國洞穴內的腳印。我們將看到這些足跡如何變成小徑、步道，最終演變成馬路；從史前的木棧道到山脊路、低塹路、趕牲道、綠道、靈柩路到古羅馬道路。每種路徑的實體特徵都可傳達出一則故事。這些都是人們日常行駛的現代道路的歷史對照組。

我們將會看到，人們會以何種方式行走、留下怎樣的路徑，是取決於他們移動的**緣由**：獵人的行進方式不同於牧羊人，牧羊人的方式也不同於牧牛人。而每種行進方式，無論是單獨走，結伴走，帶著狗兒走或趕著牲畜走，對周遭環境的感知也會略有差異。

透過旅人的雙眼，我們將發現移動中的人如何與高低不平、飽經風霜的立體世界互動；我們也將看到，地景如何被圈圍形塑，以滿足我們的行旅需求。

我們將從個人的腳步開始，逐步探索更長的行旅，並在最後幾章踏上人類跨洲越洋的宏偉旅程。我們將評估一波又一波、穿越世界每個角落的移民路徑，探詢這些路徑訴說了怎樣的個體轉移、人口流動以及嶄新生活方式的傳播。

過往是由行旅、漫遊、追蹤、放牧、騎乘、航行和遷徙所構成。考古學也逐漸認識到這種永不停歇的脈動。我希望，藉由將這點呈現出來，讓過往以及我的兄長永不死寂。

第2章　移動的重要性

本章將看到移動構成了我們的思維之本、骨骼之本和生命之本

缺少移動，生命不可能存在。要活就要動。它是原始之初。「觀看先於話語，」約翰・伯格（John Berger）在他的經典名著《觀看的方式》（*Ways of Seeing*）中寫道，「嬰孩還不會說話，就會看會認知。」但移動甚至比觀看更早。嬰孩還在子宮裡，尚未睜眼看時，就在移動了。

我們藉由移動發現自我，我們透過移動、觸碰、抓取、緊握來理解世界。移動構成我們的基本感知系統，為我們的知識建立架構。在我們的人生旅途中，我們靠移動不停探索這個世界，藉以理解它、認識它。[1]

移動是自發性的；我們無須思考移動，因為移動**就是**思考。

語言學家喬治・萊考夫（George Lakoff）和哲學家馬克・詹森（Mark Johnson）曾經

強調，移動如何深嵌在我們的思想之中。思路是見解的行進路線。見解「一步一步」推進，「來到」下一點，並希望「抵達」結論。有時，我們的思緒一路「疾馳」。有時也會「卡住」。偶爾，我們的思緒會「漫遊」，或在幻想中「飛翔」。我們把想法「放進」人們腦中，希望那想法不要「超越」他們，或「超出他們的理解範圍」。透過有力的論述，你能讓某人「出錯腳」，讓他們只能把重心放在「後腳」上，處於防守的不利地位。但「最好的一步」是往前走。如果你「一隻腳踏進墳墓了」，那很可能就是你「最後一次雙腿站立」，行將就木。

在許多社會裡，會用移動的概念來表達時間。未來經常被視為在我們前方，過往在我們後方。我們面向前方，朝向未來。我們「前」瞻事物。時間「即將來臨」或早已「離去」。開心時覺得時間「飛逝」，但我們不希望時間「擦身而過」。有時，時間是停駐的，是我們在移動——例如，我們「接近」一年的尾聲，或「穿越」歲月。[2]

移動充斥在我們的概念系統裡，留下一長串隱喻話語。人們經常用移動來理解時間之類的抽象概念。而這或許並不奇怪，因為行走的動作能保持頭腦活躍。

長時間靜止不動會弱化肌肉，改變血壓與新陳代謝率，增加下背的壓力，以及真真切切地改變我們的骨骼，這點等等就會詳述。靜止會讓大腦減速，降低警覺性。走路可以改善上述所有問題。走路讓我們敞開心胸，讓我們觀看、聆聽、嗅聞和接觸世界以及其中的生靈。[3]走路曾幫助我度過一些艱難時刻。

走路讓我們感覺舒暢，能思索出更好的想法：心智會跟著腳步漫遊。一些最偉大的思想家也是熱愛行走之人，這點至少可回溯到古希臘的逍遙學派（Peripatetics）。希臘智者會沿著柱廊行走，後面跟著一群門徒，這畫面似乎有些滑稽，但歷史學家第歐根尼・拉爾修（Diogenes Laërtius）曾經指出，柏拉圖會一邊走路一邊授課。而柏拉圖的門生亞里斯多德更是以「行者」（walker）聞名，或許就是因為邊走邊教的關係。[4]

我現在也很喜歡這種講學方式，在露天而非悶熱的講堂裡教導學生。這就是所謂的實地考察——移動式教學。

哲學家暨政治思想家尚—雅克・盧梭（Jean-Jacques Rousseau）宣稱，他只有在步行時方能沉思。他在《一個孤獨漫步者的遐想》（*Reveries of a Solitary Walker*）中，描述他的漫步以及由漫步所點燃的「思想飛越」。哲學家伊曼努爾・康德（Immanuel Kant）每天會在居住城鎮準時散步，甚至因此贏得「哥尼斯堡時鐘」（Königsberg clock）的稱號。那條穿越公園的散步路徑，後來就被稱為「哲學家步道」。弗里德里希・尼采（Friedrich Nietzsche）也真心認為，散步時產生的想法品質較高：「唯**來自步行的思想**有其價值」，他在《偶像的黃昏》（*Twilight of the Idols*）中如此斷言。

布魯斯・查特文是一名游牧作家，也曾是考古學系的學生，他認為，世界會向步行者展露自身：「人類的真正家園並非房子，而是『道路』，生命本身就是一趟步行的旅程。」他寫道：「踏上旅程這個動作，有助於身心健康。」類似的想法在生態學家暨行動主義者羅傑・狄金（Roger Deakin）的日記中也有所強調（「我的所有思考都是在行走間進行」），還出現在其他許多精采作家的作品裡，包括蕾貝嘉・索尼特（Rebecca Solnit）、羅伯特・麥克法倫（Robert Macfarlane）和傑夫・尼柯爾森（Geoff Nicholson）。[5]

藝術家也把步行當成創作方式。理查・朗（Richard Long）甚至將步行發展成行為作品：《走出一條線》（*A Line Made by Walking*, 1967）由一張照片構成，畫面是他在草地上行走出來的一條小路。稍晚一點，他又創作出《一條長度相當於從錫爾伯里丘丘底直走到丘頂的線條》（*A Line the Length of a Straight Walk from the Bottom to the Top of Silbury Hill*, 1970），那是由泥濘腳印構成的螺旋形狀，代表作品標題所描述的那條路徑。我對那條路非常熟悉，因為我在那座巨大的新石器遺址內部工作時，曾經走過許多次。

藝術家安東尼・葛姆雷（Antony Gormley）將一尊真人大小的雕像頭下腳上埋在劍橋大學麥當諾考古研究所（McDonald Institute for Archaeological Research）外面，只露出腳底。看到它，就像發現先前提過的腳印痕跡的顛倒版。葛姆雷將這件藝術品取名為《地縛植物》（*Earthbound Plant*），站在那尊雕像腳底的正上方，同時得知有一尊完整的身體埋在正下方，宛如某種實心銅材質的倒影，會有一種奇怪的刺痛感。每次我站在那個腳底上方，都會有一種詭異的感覺，就彷彿我離開時，那尊雕像也會跟著我走，在它那個上下顛倒的世界裡一路尾隨我。也許此刻還跟著也說不定。

我們不僅在移動中思考；我們**就是**移動。動覺（kinaesthesia）一詞源自於希臘文的「*kinein*」（移動）**和**「*aesthesia*」（感覺），指的是察覺到身體的位置和移動。這是非語言性的移動感知。舞者必須鍥而不捨地磨練這種知覺。

不僅舞者該如此。在世界移動時，我們會不斷接觸到它的輪廓與形狀。那感覺，像是我們與地球之間並無分隔。我們透過身體的動作體驗世界和世間事物，感受從某地移往另一地，或拾起某樣物品造成它位移會有何種感覺。我們透過動覺學習事物的意義，理解事物的質地。

定期運動會改變身體，塑造體型。我們的骨骼並非固定的結構，而是有彈性和可塑性，不完美且易碎，會受到疾病與退化影響，而移動會在體內留下自身印記。不同的習慣性動作會在人的一生中為骨骼帶來壓力。於是，新的骨組織會優先增生在承受壓力的骨幹上，改變骨幹的形狀，讓它們有能力承受負荷。經常走路或跑步之人，會有較為粗壯的下肢骨頭，經常使用手臂之人，則會有比較健壯的上肢骨頭。

我們可以從現代運動員身上看到這點。研究顯示，游泳和板球運動員的手臂有明顯的骨頭生長，越野賽跑和曲棍球運動員的情況則表現在腿部。如果某人使用身體的一側勝過另一側，會導致不對稱的骨骼生長：網球選手持拍那一側的骨頭會比另一側粗壯許多。

這種運作是雙向的，也就是說，活動減少將導致骨質流失，使骨頭更加脆弱。

對考古學家而言，身體會提供訊息，我們能藉此深入了解遠古先民做過哪些重複性動作。研究人類遺骸可以讓我們在一定程度上重建某人各個階段所從事的不同活動。就像現代網球選手一樣，我們也經常能從遺骸中測知弓箭手的手臂，但跟你的預想不同，他們的左右臂往往更加對稱。一五四五年，英王亨利八世的旗艦「瑪麗玫瑰號」（*Mary Rose*）在英格蘭南部海岸索倫特（Solent）附近失事沉沒，從船艦中找到的一些遺骸顯示，船上弓箭手的手臂骨頭有明顯的對稱性。這就表示，他們使用的武器很可能是強有力的長弓，因為長弓需要非主力的「弓」臂具有相當於「拉」臂的巨大力量，因而消除了兩臂之間的自然差異。這些骨骸也顯示出重複性的應力損傷以及肩部與下脊柱的異常，與使用長弓的動作相符。

藉由觀察大量的人類遺骸，我們可以看出不同時期在文化與行為模式上的廣泛變化，甚至可以了解同一社群的內部差異，例如男女之間的不同。我們可以看出，尼安德塔人這類先民群體需要大量行走並執行重複性的刮削動作。幾年前，我在威爾特郡距離馬登圓形圍場不遠的一處遺址，挖掘出一具青銅時代青少男的骨骸，骨骸顯示出，這個還在成長的年輕身體承受了相當可觀的肉體壓力。他的大腿在臀肌部分有額外的肌肉附著點，透露出他的腿部肌肉發達，類似運動員。但他的膝蓋受損，很可能是經常走路上坡所導致。他的雙肩也有類似的大型肌肉附著點，而肘部的病變表明他的手臂曾從事費力艱苦的活動。上述種種都是行旅和勞動的後果；每日的搬運、切割和打造等苦差事，無疑是讓他的生命之輪持續轉動的驅力。

研究考古學領域的骨骸證據，我們可以推斷出與生計相關的諸多變化，例如大範圍的狩獵或採集、與放牧牲畜相關的活動，或農耕造成的影響。我們可以看出，地貌如何影響了骨骼的大小和形狀，例如我挖掘到的那位青少男，因為得在崎嶇的山嶺環境中行走，因而鍛鍊出強壯的骨骼。[6]

人類之所以能在世界各地的不同環境中殖民定居，有部分就是因為我們的骨骼具有強大的適應力。我們的移動以及移動所經過的地景，名副其實地寫入骸髏中、刻進骨子裡。

晚近的發展讓我們可藉由研究遺骸更加了解個體的移動。長久以來，考古學一直被視為狹義的人文科學，但今日的考古學家專精於各種科學領域，穿上實驗袍的時間不下於外出做田調。在理解過往的各種新技術中，穩定同位素（stable isotope）的研究依然讓我驚嘆不已，因為這項技術能告訴我們與個體移動有關的大量訊息。

我們的飲用水裡含有微量元素，來自水滲透而過的基岩。植物同樣會從生長的地質中吸收化學物質。在我們牙齒成形的過程中，會從飲水和食物中吸收化學特徵，並將其固定在牙齒的琺瑯質裡。骨頭也會吸收這些同位素。我們的牙齒和骨骼就以這種方式在我們生長過程中汲取了某一特定地區的元素——同位素。

這就表示，我們可以分析牙齒和骨骼，藉此判定某人童年時期大致處於怎樣的地理區域，並可與他埋葬時的地理區域相互比較。藉由這種方法，我們便能對某人一生的移動狀態略知一二。由於骨骼和牙齒會在我們一生中不同階段漸次發育，因此，我們或許能根據對牙齒和部分骨骸的分析，探知案主在其他人生階段的所在位置。人類第一顆臼齒的琺瑯質在出生前就開始成形，約莫三歲時發展完畢，可提供童年起源地的訊息。恆齒會長到九歲左右，第三顆臼齒的牙冠則是在青少年初期到約莫十六歲時逐漸形成。同樣的，大腿骨的化學成分可持續發展到青少年時期。如果毛髮之類的有機物質保存下來，就能看出接近死亡時期的移動，這點我們在本書後面會再討論。[7]

也就是說，我們所身處的地景不僅刻在我們骨子裡；在某種程度上，我們也是由那些地景所構成。

以上這些都是關於個體的研究。更為新近的古代DNA研究還可揭露整個族群的移動，為長久以來的爭論提供答案。對考古學家而言，這是個極振奮人心的時代。

第2篇

踩　踏

第3章　印記：在大地上書寫

本章講述如何為了躲開大象糞便而發現最早的人類腳印

我在書桌前坐了好幾小時，彎著脊椎，縮緊肚子，寫著有關人類移動的文章；我知道，這很諷刺。我的身體受不了了，於是我起身散步。

直到不久之前，我都會在午餐時間散步，穿過契爾屯丘陵（Chiltem Hills）上的一座小森林，就位在我當時居住的南牛津郡小村邊緣。

這座林地劃分成涇渭分明的兩塊：其中一塊占了三分之二，主要是山毛櫸和藍鈴花，剩下三分之一緊貼著前者，卻

是截然不同的世界，由年輕許多的人造針葉樹所組成，例如落葉松和松樹。每次穿過這片森林，兩者之間的差異總令我驚詫：山毛櫸充滿生機，樹下植被茂密；針葉樹則是掛滿地衣，陰森寂靜。甚至連光線都大相逕庭。

我走的那條步道在樹幹間蜿蜒穿繞，會經過新舊兩部分不同的水平層。我會沿著步道行至位於陡峭懸崖上的一處農地，在那裡眺望遠方的地平線。迪德科特（Didcot）發電廠的冷卻塔矗立在正中央——那些巨大的灰色地標如今已經拆除。步道在這裡迴轉，穿過森林打道回府。

我散步是為了抖動雙腿、舒展身體、與外界維持日常聯繫。散步能讓我恢復活力，多年下來也證明，散步有助我整理思緒。有時，我會把途中所見記錄在小本子上。有時則會為工作上的難題苦惱思索。

那條步道我在春夏秋冬各種天候下走過數百次。每次走，都會感覺到森林的變化，有時些微，有時巨大。我漸漸了解它的聲響和氣味——無論地面覆蓋的是藍鈴花、夏蔭、枯葉或白雪。

我不再去走那條步道了，因為我不得不搬離該地，但那條步道和我之間有一種特殊關係。無論是從太陽烤乾的泥土上揚起灰塵，或踩進被雨水浸透的泥濘裡，我的雙腳都在上面留下痕跡，而那條步道也反過來深深刻印在我體內。因它而起的想法、感覺和體能鍛鍊，塑造出今日的我。

當然，在這方面我並不孤單。你也會與你曾經走過的地方建立深厚的關係，一如我們的先祖。

步道始終存在，因為我們就是用步道來連接時間和空間。步道是最原初的；步道的形式內建在我們腦中，成為我們起源神話的一部分。因此，我們很少思索**步道的**起源；很少思考它們如何形成、從哪裡初現。當我們走在步道上時，一如我先前的經驗，我們很少會想到其中嵌藏的故事。然而，一旦我們開始思索，隱藏的歷史就會顯露出來，前人的一些經驗也會在我們眼前栩栩如生。歷史書籍記錄過往的重大事件，但我們大多數人都是凡夫俗子的後代，想要了解這些人的生活，我們需要跟隨他們的足跡。書寫下來的歷史紀錄能告訴我們的史前知識相當有限，而史前時代正是我主要的研究對象；只有考古學能提供我們比較完整的圖像。藉由追隨古老的步道，我們能更清楚看見過往。

腳印痕跡是吸引我們「觀察」過往移動的有趣方式。我認為，與陶器片或碎石片這類典型的考古發現物相較，足跡更容易引發共鳴。腳印是短瞬的，是某人的一張生活快照——往往是幾秒鐘的動作，記錄留在了沉積物裡。腳印有一種即時性，就像我哥哥那隻雙耳瓶上的拇指印，瞬間就把我們與過往串聯起來。

但腳印也是最脆弱的考古遺跡之一，而且很難發現。首先，要一切條件恰到好處，才能讓腳印形成。地面必須柔軟微潮，但不能太濕。腳印一旦形成，還得快速覆蓋上對比鮮明的沉積物將它保存下來，例如該年冬天沖刷上來的粗沙粒，或微風吹來的細沙粒——任何可以將腳印快速封存的異質物。接著，它需要掩埋在層層保護之下，不受打擾，等待幾百年甚至幾千年後讓我們發現。這樣的條件並不常有，古老的腳印十分罕見。[1]

腳印也很難理解。在許多情況下，生痕學（ichnology，研究足跡和相關痕跡的學問，「*ichnos*」是希臘文的腳印之意）領域會請追蹤專家協助解碼，特別是原住民專家。這類研究對洞穴遺址特別有用，我很快就會提供一些案例。在工業化社會長大的我們，早已習慣鋪砌好的路面，缺乏必備技能去理解留在軟質地面上的證據。在我們眼中難以辨認的重疊腳印，原住民追蹤專家卻能憑藉直覺看出其中的獨特步伐，解讀出腳印主人的故事。在我們看起來一團亂的地方，追蹤專家卻能看出秩序。想要充分理解腳印潛藏的意涵，需要考古學家的技能，加上追蹤專家的直覺。

就和研究恐龍的足跡——生痕學大多與此相關——一樣，我們也能從足跡製造者的移動方式得知一些訊息。我們可以從移動的軌跡看出他們行進的方向，測量他們的步幅（從踏出左腳到下一次踏出左腳的長度）和步頻（腳步落下的時間間隔）。跑步或快走時，腳印之間會相隔較遠；閒步漫晃時，腳印會貼得較緊。

寫入大地的步頻，就像一句話或一首歌。

單一腳印能告知我們諸多訊息，但腳印形成的軌跡則能訴說得更多，可以照亮那些我們一無所知之人的延伸行為和活動：他們的速度和方向有何變化；他們繞道是想避開什麼，或利用什麼意外發現之物；還有他們是隻身行走或成群結隊。

一群人的痕跡更有價值，因為就和本書描述的許多移動一樣，來自單一個人的證據無法訴說整個族群的全貌。

兒童的身分很容易呈現在腳印軌跡上，殘障人士也一樣，雖然比起兒童略遜一籌，這點相當重要，因為不管是兒童或殘障人士，在其他考古紀錄中都不太容易識別，也因此他們的存在經常被我們忽略。腳印的軌跡訴說了那些隱形之人的故事。

這些稍縱即逝的生活痕跡，有時可回溯到遙遠的過往。它們為研究人類演化的專家提供關於我們早期祖先如何移動，以及何時開始直立行走的大量訊息。其中最古老的案例之一，就出現在全世界最著名也最重要的一些遺址裡。

你可能會以為，真正的考古大發現都是耐心仔細、辛苦工作的成果。這的確是常態。但偶爾，一些最奇怪也最不可能的偶發事件，同樣會意外促成驚天發現。

瑪麗．李基（Mary Leakey）是二十世紀最偉大的考古學家之一。她是十九世紀知名古物學家約翰．弗雷（John Frere）的後代，一九五〇到一九六〇年代，她和先生路易斯一直在坦尚尼亞北部挖掘奧杜瓦伊峽谷（Olduvai Gorge）。這對夫妻發現距今兩百萬年的人類骨骸，贏得全球讚譽。一九七〇年代初，路易斯去世後，瑪麗將注意力轉向另一處遺址：位於塞倫蓋提（Serengeti）平原南界的萊托利（Laetoli）。當時，在萊托利已經發現阿法南猿（*Australopithecus afarensis*）的遺骸殘片，那是我們的另一支遠祖。這處遺址也將為瑪麗提供她畢生的最大發現——可能是二十世紀最重大的發現。

一九七六年夏天，一群年輕的訪問學者抵達萊托利參觀遺址。有一天，可能是因為太陽曬到，也或許是出於無聊，一名訪問學者撿起一坨象糞朝其他人扔去。其他人也用象糞回擊。耶魯大學的安德魯・希爾（Andrew Hill）為了躲避迎面而來的象糞飛彈，縱身一躍，隨即俯趴進一條小溝裡。他的臉幾乎貼著岩石表面，這讓他有了完美的螞蟻視角。令他驚訝的是，他在小溝側面一條遭受侵蝕的沉積帶裡，留意到一些奇怪的凹痕。遊戲結束，他們做了更仔細的檢查。那些凹痕是古代動物的腳印，已經在沉積物裡變成化石。

接下來幾年，瑪麗・李基和她的團隊都在該區工作，緩慢而穩當地揭開更多數百萬年前的印跡，從笨重的犀牛到跳躍的羚羊，還有千足蟲行軍的細小痕跡。甚至連窸窣雨滴的迷你砸痕都可看到——你能想像的最短瞬間，就這樣被捕捉下來、變成化石。這些印跡位於今日所謂的「腳印凝灰岩」（footprint tuff）裡，那是一種硬化的灰燼，測定的時間是三百六十六萬年前，可能來自於二十公里外，今日已不再噴發的薩迪曼（Sadiman）死火山。

雖然這些發現令人興奮，但團隊希望找到更多：希望能發現我們某位遠祖的腳印。

皇天不負苦心人，他們真的找到明確無誤、類似人類腳趾和腳跟的痕跡。這些腳印清楚顯示出，有一個很可能是阿法南猿的早期人種用伸長的雙腿直立行走，無須蹲伏或用指關節支撐。若你曾對考古學家的工作感到好奇，就能想像這項發現有多令人激動。

這些足跡屬於三名體型不同的個體，高的、中的和小的，很可能是一家人。體型小者蹣跚走在體型高者旁邊，體型中者走在後面，小心翼翼踩在體型高者的腳印上。晚近又發現更多足跡，屬於另一群結伴同行者，他們的方向與先前的軌跡相同，速度也類似。這是完全以雙足行走的人類在世界上留下的最早證據，時間超過三百五十萬年（超過十四萬五千個世代之前）。[2]

寫完上段文字之後，我出去呼吸了一會兒新鮮空氣，還走了一段路，比那些化石軌跡長上許多。那段散步沒什麼特別，我不會想寫進書裡，但遙想當年，留下那些古老足跡的步行活動，或許對他們而言也無足輕重。

這些腳印為久遠到難以想像的行動提供美麗的回音。我們因而有機會研究足部解剖學、探索早期人類的雙足運動，甚至能微微瞥見早期人類的行為模式——儘管那道縫隙細微到令人沮喪。誠如瑪麗・李基所言：「這動作是如此充滿人味，超越了時間。」

在肯亞的庫比佛拉（Koobi Fora），有兩條直立人（*Homo erectus*）留下的不同足跡，時間晚近許多，距今只有一百五十二萬年。這兩條足跡也伴隨著動物和鳥類的印跡。[3]

在非洲以外的地方，目前已知最古老的腳印來自於英國諾福克北部海岸一座小村附近。小村的名字拼寫成「Happisburgh」（哈皮斯堡），但發音截然不同，應該唸成「Haysburh」（黑斯堡），這種情況在諾福克並不罕見。這些腳印可回溯到將近一百萬年前，是由一支早期的人類祖先留下，可能是「前人」（*Homo antecessor*，又名「先驅人」〔Pioneer Man〕），他們熬過了歐洲北部的酷寒冬季，當時可比現在冷多了。

黑斯堡的腳印很有趣，因為它們顯示出一家人沿著河口邊緣漫步的痕跡。孩童的腳印散漫無章，跟幾乎百萬年後的我家小孩一模一樣：隨意亂走，充滿好奇，四處探索。這種日常活動實在太熟悉了，那家人肯定在留下腳印之後沒多久就忘了，但卻迴響在日後的世世代代，思及此處，我總是不禁動容。

二〇一七年，同等大小的黑斯堡腳印影像，投射在倫敦大英博物館的地板上。當時，我工作的地方距離不遠。如此千載難逢的機會實在太誘人，於是我跳上火車，為了它們奔向首都。館方鼓勵參觀者踩踏那些影像，我真的踩了。我小心翼翼將雙腳落在每個印影上，跟隨他們的步伐，遵循他們的方向。這種既溫暖又戰慄的感覺，跟我踩在劍橋葛姆雷那尊倒栽蔥雕像的腳底時如出一轍。

腳印在史前時代往前狂奔，十三萬五千年前出現在希臘色薩利（Thessaly）西奧佩特拉洞穴（Theopetra Cave）裡的腳印，顯示出兩名小孩彼此追隨。他們可能是尼安德塔人或早期智人（*Homo sapiens*），但最獨特之處在於，其中一人的腳上有薄薄的包覆物：這是目前已知世上最古老的足履（footwear）。可惜的是，我們無法單憑這些腳印判讀出他們屬於哪個人種。但是，在我閱讀那篇科學論文時，我腦中飛快閃過的問題是：為什麼只有一人穿了鞋子？腳印本身並未給出明顯而肯定的解釋。

接著，在法國諾曼第的勒羅澤（Le Rozel）也出現腳印蹤跡，距今只有八萬年。這些腳印看不到明顯的腳趾痕跡，即便保存完好的腳印也看不出，這表示留下這些腳印的尼安德塔人很可能也穿了鞋子。

腳印還能告訴我們其他事情嗎？是的，腳印本身的位置能透露出人們的生活與文化。

在羅馬尼亞喀爾巴阡山（Carpathians）的一些洞穴裡，保留了尼安德塔人和早期智人（以及令他們害怕的洞穴熊）的腳印，封存腳印的沉積物有個浪漫的名字，稱為「月乳石」（moonmilk）。在法國阿列日（Ariège）的奧杜貝爾山洞穴（Tuc d'Audoubert Cave）裡，有三百多個更新世（Pleistocene）晚期獵人採集者的腳印。這些腳印主要分布在與洞穴藝術有關聯的通道上，看得出人來人往，他們會停下腳步在牆上作畫。

其中一條足跡顯示出，有個人在洞穴地板的濕泥裡失足踉蹌了一下，然後慢慢走開——可從腳印的步頻看出——這種反應凡是有過類似經驗的人都很熟悉。其他足跡也透露出，有人滑倒，必須扶著洞穴的側壁站起來。還有個人一腳撞到石頭，跌了一跤。另一個人更倒楣，在洞裡滑個四腳朝天，好不悽慘。

要是史前時代的咒罵聲也能被記錄下來就太好了。

有些腳印顯示人們彎腰行走，穿過低矮通道，有些人甚至是蹲著或跪著爬過去。這些腳印裡我最喜歡的，莫過於一群孩童故意用腳跟走路的樣子。誰不記得自己小時候也這樣做過？

有些腳印告訴我們行走者隨身攜帶了哪些工具。在澳洲威蘭德拉湖區（Willandra Lakes），先人沿著一座古老的淡水湖邊留下足跡，時間可回溯到兩萬至兩萬五千年前，其中包括一名單腿男子和支撐他的拐杖。在義大利的女巫洞（Bàsura Cave）裡，約莫一萬四千年前，有兩名男子、一名青少年和兩名孩童赤足在其中行走：證據顯示，他們當時曾用燃燒的火把照亮前路。

先前，我們看過塞汶河口的漫遊。到目前為止，這塊地區總共記錄了二十一條不同的足跡軌道，有些是前往已經挖掘到的中石器時代狩獵採集營地，有些匯聚到幾個定點，（推測）那些地方一度也有類似的營地，還有一些顯然是通往捕魚用的魚筌。許多腳印的主人是孩童，有的年僅四歲，可見即便是年幼的孩童也必須冒險進入泥濘河口，為社群生活貢獻一己之力。

在英格蘭西北部福姆比角（Formby Point）的泥灘上，也記錄了一個由人類和動物軌跡形成的類似網絡。這些軌跡來自中石器時代的類似時刻，同樣也提供了一張活動快照：人們於海濱沿岸忙碌，推測是在捕魚或蒐集貝類。一樣有孩童參與其中。大多數人光腳，但有些穿了鞋子。值得注意的是，其中一條足跡是由少了兩根腳趾之人留下的。怎麼會這樣呢？是受傷還是畸形？和塞汶河口的軌跡一樣，這些腳印重重疊疊記錄了人類建構其日常生活的小規模移動。

和其他考古元素相比，我們更容易「理解」腳印——我們知道赤足陷入軟泥中的感覺，知道軟泥從趾縫中擠出的感受，知道一隻腳打滑時的驚慌。腳印將我們與腳印的主人連結起來。這些軌跡凸顯出，如果只是把焦點聚集在考古紀錄中的A點和B點而沒考慮到兩者間的往返，我們將會錯失什麼。旅行無法簡化成出發點和抵達點，就像詩歌或電影裡所有史詩故事一再證實的那樣。旅途本身才是興奮之所在。

第4章 踏足：行走如表演

本章會看到在所有文化裡，都有正確和錯誤的走動方式

場景是兩隻腳踩著節拍踏在街上。畫面中看不見身體；鏡頭只聚焦在雙腳。一切都和那雙腳有關，穿在栗色手工皮鞋裡的那雙腳，與其說是走路，不如說是闊步走。有節奏，有動感。

背景響起一段起伏的吉他即興重複樂段，然後飄進貝瑞·吉普（Barry Gibb）如假包換的假聲。鏡頭往上拉，我們看到一名年輕人在繁忙的街道上輕鬆邁步。他走得時髦，帶著一股瀟灑搖擺的趾高氣昂。高挑輕盈。起伏有致。他自帶一股活力。一種存在感。渾身散發的自信稱霸街道，像是在高喊：「看看我！」

走路就是他的表演。

這場景你可能很熟悉，出自一九七七年電影《週末夜狂熱》（*Saturday Night Fever*）

的片頭，二十三歲的約翰．屈伏塔（John Travolta）踩著比吉斯（Bee Gees）〈努力活著〉（Stayin' Alive）的節拍，大步走在布魯克林第八十六街，並將自己走成了電影巨星。

在考古學領域，我們常常會忘記像屈伏塔這樣昂首闊步的人。我們在描述過往先民的移動時，太常把他們想像成理性、冷漠跨越地景的機器人。

弄清楚人們踩行的路線後，我們會製作地圖，用長箭頭指出人們來自哪裡、去向何方，類似電視劇《老爸上戰場》（*Dad's Army*）的片頭。但是，可以證明人們從甲地移動到乙地，並不代表就能理解該趟旅程的動機，甚至無法確定是否有動機。

然而，出於各種原因，我們會想尋找合理的解釋，於是我們在討論時，便將移動問題框定成根據成本效益所做出的合理選擇。移動被簡化成一種不由自主的行為反應。[1]但身體並非機器，我們也不是以統一、規律的方式行走在平坦均質的表面上。移動是複雜的、無法預測的，而且經常受到社會驅動。在我們自己的生活裡，我們會正常走、拖腳走、跑著走，會爬行、遊蕩和跳舞。我們踱步、行軍、晃步、疾行、溜躂、匍匐、攀爬、閒逛、蹣跚、跛行、跋涉、流浪。我們徘徊、磨蹭、漫步、信步、遨遊。每一種移動都向旁觀者傳遞出不同的訊息。

行走可能傳遞的其他訊息包括：身體狀況、年齡，甚至心境或情感狀態。青春活力與老年人罹患關節炎的蹣跚步伐形成對比，一瘸一跛則可能認證了一生辛勞。彎腰駝背的沉重腳步可能是疲憊、沮喪，或兩者皆是。我們的行走方式也會因旅程（無論是真實的旅程或人生之旅的隱喻）的起點和終點而有所不同。有運動型的快跑者，也有老牛拖車式的慢踱者。有孕婦、體重超標者、病人和傷者。[2]

移動的意義取決於你的身分、你的所在，以及你的性別。在空曠森林裡遇見陌生人所引發的情感，不同於在繁忙市街與人錯身時的感受。在路上有人緊貼著你走，你可能會覺得受到威脅，程度則取決於你（和他們）是男性或女性，年輕或年長。

法國社會學家馬歇·牟斯（Marcel Mauss）指出，行走牽涉到特定的身體技巧且具有文化差異性。人們會根據年齡、族裔、階級、性別或性取向而學習和練就一些額外技巧。他舉了踢正步的例子，德國軍隊用踢正步來拉長軍人的步幅，這聽起來似乎是個好主意，但在德國以外的許多人眼中，卻顯得滑稽可笑。牟斯觀察到，人們會以眾多方式表演和操練移動：有的自由無拘，有的飽受限制；有的需要費力，有的輕鬆自在。有些民眾和群體遵從社會接受的移動方式，且可能會認為，有必要控制那些不願遵從之人。

在撒拉哈和薩赫爾（Sahel）地區游牧的圖阿雷格人（Tuareg）比我們大多數人更了解這點。他們是追蹤達人，自豪於能以腳印辨人。他們可以辨識自身與附近營地每個人特有的走路姿態，一眼就能看出哪些是陌生人留下的腳印。當外來者出現時，便能藉由這種方式得知。值得注意的是，他們往往還能根據沙地裡的獨特足跡，判定外來者是誰，至少能判定是來自哪個群體。圖阿雷格人表示，柏柏人（Berbers）走起路來高傲、挺直、緩慢、堅定，這些都會反映在他們留下的腳印裡。尼日的沃達貝族（Wodaabe）經常拿著棍杖行走，因為他們走很多路，這點可從棍杖留在地上的小洞中看出。低階工匠和前奴隸的身分也表露在他們小巧快速的步伐中，據說是因為這些人會在身後隨意擺動雙臂，讓他們的腳印顯得雜亂無章、沒有規律。對圖阿雷格追蹤者而言，他們可以從不同族群的軌跡中看到各具特色的步態與步伐，這些特色透露出和移動有關的諸多訊息，也包括了他們的性格。事實上，圖阿雷格人做的正是某種考古學，只不過針對的是剛發生不久的過往。

在所有文化裡，都有正確和錯誤的走路方式：「我知道有個人被當成逃跑的瘋子遭到逮捕，」小說家羅伯特．路易斯．史蒂文生（Robert Louis Stevenson）在《徒步旅行》（*Walking Tours*）一書中指出，「因為，他明明是個發育成熟、一臉紅鬍子的成年人，走起路來卻像小孩一樣蹦蹦跳跳。」這也說明了，為何英國搞笑短劇《蒙地蟒蛇》（*Monty Python*）的觀眾會對約翰．克里斯（John Cleese）的「愚蠢走路部」（Ministry of Silly

Walks）狂笑不止。

屈伏塔在訪談中回顧時，曾用「酷炫步」（the walk of coolness）形容他那種搖擺舞者的走路姿勢。那是他在布魯克林求學時曾刻意練就的。[3]

十七世紀的詩人暨散文家湯瑪斯・奧福伯里爵士（Sir Thomas Overbury）或許認不出屈伏塔的獨特步伐，但他對自己的版本倒是很清楚。他在文章中描述過一種「裝腔作勢的旅行者」，穿著打扮像法國人或義大利人，「走路姿態似在大喊：『看過來』。」

牟斯應該會心有同感，甚至會更進一步：所有的身體移動都會根據文化和在地習俗而有所不同，他如此寫道。意義是根據上下文來理解。文化可以透過服飾或藝術來表現，同理，文化也可以透過個體的移動方式來傳達。[4]

那麼，這種習慣是如何傳遞的呢？我們大多數人都不是靠閱讀指南學會走路。我們是跟身邊的人學來的。當我看到女兒們走路時將手背在身後，我知道她們是學我的。有人跟我說過，我走路像我爸，雖然我看不出哪裡像。學生會從同齡人那裡學習最「酷」的走法，跟約翰・屈伏塔一樣，然後跟老師學習較「正式」或「合適」的走法——不過具體細節會隨著你的所在地而有不同，比方要看你是住在英國、日本或加勒比海。[5]

如果今日的情況是這樣，我們能假設史前時代也如此嗎？庫比佛拉的直立人也有自身的文化偏好嗎？智人也會發展出一種酷炫步來應對洞穴熊的出現嗎？他們也會在新石器時代走路顯擺，或在銅器時代健步如飛嗎？應該會吧。

考古學最令人挫折的一點，就是我們往往無法「看到」個體，也很難確定他們的想法。所以我們得仰賴書寫紀錄去填補空隙。羅馬作家談過許多行走如表演的想法。羅馬人可藉由在都市場景中的移動來宣揚自己的地位。「我們不走路，」羅馬哲學家塞內卡（Seneca）說，「我們遊行。」[6] 一個人的走路風格是身分的表徵，將「有教養的人」（希臘人和羅馬人）與野蠻他者區分開來。

觀察者該尋找哪類線索呢？首先是步態，羅馬人可用步態區分男女，區分自由人與奴隸。年輕的自由人會透過當時的文本和周遭人物學習「正確」的走路方式，不僅是為了展示身分地位，也是為了配得上這個地位。[7] 步速也很重要。奴隸會跑，但貴族男性不會，因為他們想要展現謹言慎行、深思熟慮的人設。他們也不會流連徘徊，以免顯得娘氣。

至於羅馬女性：步態必須優雅，但不能誇張。奧維德（Ovid）在詩作《愛的藝術》（*The Art of Love*）中，列出兩個應該避免的極端。纖纖女子「巧妙擺動身體兩側，讓飄逸長袍吸入空氣，高傲踏出緩慢有節的步伐」，而沒有教養的婦人則是「步履沉重，活似被日頭曬黑的翁布利亞（Umbrian）農婦，而且步幅巨大。」對奧維德而言，理想狀態應該介於兩者之間。[8]

我們已經看過，雙腳移動與心靈活動之間的關聯如何為作家、思想家和藝術家帶來靈感。塞內卡之類的羅馬作家認為，不一致的步態代表不一致的想法，自信的腳步意謂自信的思考。圖阿雷格人應該會表贊同。

羅馬人跟我和我女兒一樣，體認到步態是家人共有的特徵。在我們這個科技發達、安全意識強烈的時代，我們可透過「步態分析和識別科技」，以及指紋、虹膜和語音等生物識別科技來確認這一點。[9]

也就是說，我們的身分可由我們走路的方式看出來。自古以來，除了個人步態之外，也有其他因素可彰顯財富和地位。有些古羅馬人會坐在轎子上由一群轎夫扛著走：這是一種奢華的行旅方式，讓他們在實際層面與隱喻層面上都高人一等。羅馬貴族還會藉由隨行人員來展現他們的權力。隨從的人員愈多，他們看起來就愈強大，一如被手下簇擁的黑手黨老大，或被隨扈團團圍住的流行巨星。這樣的集體移動傳達出防衛或威脅的力量——這是重要的政治訊息，很難忽視。[10]還有更厲害的：正式遊行，例如與凱旋、葬禮和宗教慶典相關的遊行。這些遊行可能開心熱鬧，可能是懺悔性的，也可能充滿自省。可能伴隨著載歌載舞，或哀傷啜泣。這些遊行通常會跟今日一樣遵循特定路徑、在特定地點舉行。

在古羅馬世界，行走是一項深具社會性的活動；在現代社會依然如此，史前時代想必也一樣。羅馬別墅裡會有一些特殊的建築設計為知性對話提供場景，鼓勵身體與腦袋同時活動。花園則是戶外的私人空間，可藉由遊廊步道和庭園小徑安排漫步路線，讓主人與賓客邊走邊聊。行走的節奏帶動談話的韻律，反之亦然。

古希臘人和古羅馬人究竟是從哪裡養成這些文化慣習，至今尚未有定論，但我們可以在隨後的時代看到許多類似情況。

時間快轉——我們發現，在中世紀和文藝復興的「遊樂」（pleasure）花園裡，也可發現精心安排的移動路徑。這些悉心設計的地景會繞著城堡或高級宅邸排列，引導民眾沿著規畫好的路線前進，透過巧妙安排的視角讓景觀逐一呈現。城堡或宅邸會一點一點、漸次呈現在遊客眼前，營造出奇觀效果。[11]

沃里克郡（Warwickshire）肯尼沃斯堡（Kenilworth Castle）的愉園（Pleasance）是一座

十五世紀的遊樂花園，考古學家利用平板儀、捲尺和經緯儀調查並測量了殘餘的土方遺址。[12]他們發現，皇家貴冑前往「愉園」的主要方式是搭乘畫舫或駁船。乘客會在船程中的幾個點上，看到設計好的美景：隱藏起來的景致緩緩顯露，隨即又從眼前消失，直到轉角處才又乍然浮現——極盡挑逗之能事，宛如某種脫衣舞。對騎馬或步行前往肯尼沃斯的旅人而言，道路將活動聚集在沿途，既是引導也是束限；水域則不然，除了幻影之外還創造出好幾重邊界，例如某些精選景點的倒影。

正如我們在稍後章節會看到的，史前時代的重要建築群也有類似的排列方式，個別建築物會在你沿著景觀行走時忽隱忽現，旋露旋藏。旅人彷彿是巨大舞台上的一名演員。

幾何造型花園跳脫日常生活的凡俗活動，提供一個不同空間讓人漫遊。這些花園色彩繽紛、景色優美、香氣四溢、刺激身心。訪客可以在園中相遇交談，若隻身一人，這些花園也能成為靜謐之地，讓你緩步繞行，有如走在修道院或大學的迴廊——這類為閱讀、冥想或無聲祈禱而設計的行走空間，讓你遊步更遊心。這些花園的幾何造型和移動方式，與禮拜儀式之間有明顯的關聯性，特別像是伊甸園的迴響——史前地景的理想化終極版本。

遊樂花園也經常和宮廷愛情有關，並曾出現在喬叟（Chaucer）的故事集、湯瑪斯．馬洛禮（Thomas Malory）的亞瑟王故事，以及十四世紀《高文爵士和綠騎士》（*Sir Gawain and Green Knight*）的傳奇故事裡。[13]

如果這聽起來有點像高雅文化，那是因為確實如此。要領略這些花園的複雜意義和象徵主義，需要具備風雅知識，而這正是上層菁英與下層階級的區隔所在。事實上，這類花園僅保留給少數特權人士。

同樣的情形也可套用在城堡本身：移動路徑以城堡和其他高級宅邸為中心，精心安排的程度不遑多讓。甚至在進門之前，訪客的身分地位便展示在所有人面前，因為進門的方式會因人而異，由你的位階所決定。高階訪客有幸看到大門敞開，表達隆重歡迎。其他人就得從邊門（設置在大門內的小門）進入，有點像現代旅館員工會有單獨出入口的情形。就像考古學家馬修．約翰遜（Matthew Johnson）指出的，從邊門進入時很可能得彎腰，等於是強迫你在跨越門檻時向領主鞠躬。[14]

城堡有每日的運行節奏，開城門是一日之始。進入堡內，訪客必須知曉正確的舉止行為，知曉會經過哪些路段才能抵達堡主的高級廳室，而每個路段又有哪些地方是訪客所屬的性別和社會階級可以進入的。如果訪客受邀參加晚宴，他們的階級就會展現在餐桌的座位上，跟今日的婚禮一樣，餐後也會根據身分地位決定一個人能否進入社交專屬的私人房間。

在十七世紀晚期的宮殿或大宅裡，例如漢普頓宮（Hampton Court），訪客必須穿越一連串私密性遞增的區域才能進入寢間；而每個區域都有一系列的檢查機制以控制人員進出。如果訪客能一路通關，地位就會隨之提升。[15] 獲得進入皇室寢間的特權，有點類似今日機場的快速通關；不過，根據約翰遜的說法，抵達內殿時，訪客可能得在有點寒冷的候見室等待（有點像是今日在登機坪排隊等著走上登機梯，哪怕你手上拿的是頭等艙機票也一樣）。正如我們會在後面看到的，讓人無法移動以及操控他人的移動，是一種歷史悠久的權力展示。[16]

不過，僕人有截然不同的移動方式，儘管僕人之間也有某些層級差別，但他們可經由隱藏的後梯直接進入寢間。這些後梯形成某種暗黑的流動；這類暗中移動允許你隱密進出，也可用作——也真的曾經用作——祕密行動和顛覆活動的聯絡管道。[17]

我們在歷史上還找到大量證據，是跟另一種具有文化特殊性的移動有關：散步（the

promenade）。「漫步」和「閒晃」這類動詞原本是和流浪漢有關，但從十八世紀起變成一種體面的行為。這些詞彙保留了無所事事的閒散意味，但很受貴族歡迎，因為可與辛勤忙碌的中產階級有所區別。[18]

在十九世紀的巴黎，市民會沿著歐斯曼男爵（Baron Haussmann）規畫更新的林蔭大道和宏偉廣場散步。這些改造工程最主要的目的是提高交通流量，並強化社會控制（取代中世紀巴黎疾病叢生的狹窄巷弄，那是犯罪和革命騷動的溫床），但也重新定義了都市空間。

在歐斯曼的改造工程裡，新公園是不可或缺的一環，並由林蔭大道與城市連結起來。這些公園極受歡迎。無論外來遊客或巴黎本地人都蜂擁到這些新空間，他們裝腔作勢、搔首弄姿、炫耀身上的精緻服飾和優雅步態。花花公子展示他們的美襪小腿。馬奈（Manet）、竇加（Degas）和雷諾瓦（Renoir）等印象派畫家在公園裡記錄這類社交奇景；而隨著照明新科技的出現，夜間散步也流行了起來。[19]

我在本章大量借用了書面紀錄。不用說也知道，史前生活沒有電、沒有林蔭大道，也沒有比吉斯的音樂。但我們可以合理假設：我們在本章瞥見的一切，很可能自有人類以來就一直存在。

例如，新石器時代晚期在英國和其他地方排列成同心圓的木柱和立石。世人將這類遺址比喻成圓形迷宮，穿行路徑也是儀式的一部分。它們看似簡單，實則複雜。有些路徑是由迷你版的立柱通道所構成，迫使訪客只能單排前進，一旦進入內部，也無法直驅圓心，而是得以複雜的方式移動。供品抵著立柱放置，有時，放置在外環與最內環的供品有所不同，有些則是根據不同區域而有所差別。

威爾特郡的兩處遺址就是這種情況：一是聖所（The Sanctuary），由木柱和立石構成的圓圈，靠近艾夫伯里（Avebury）；二是巨木陣（Woodhenge），由立柱構成的六個同心橢圓形，一條堤溝圍繞四周，鄰近巨石陣（Stonehenge）。這兩處遺址都是由可敬的考古學家茉德・康寧頓（Maud Cunnington）在一九二六到一九三〇年間挖掘出土。茉德是威爾特郡考古界的巨人，當時已經挖掘出該區許多重要遺址，她仔細撰寫相關發現，並將成果發表出版。茉德在完成聖所與巨木陣的挖掘工作後，身為公共考古學的信奉者，她與考古學家丈夫班・康寧頓（Ben Cunnington，他的曾祖父是知名的古物學家威廉・康寧頓〔William Cunnington〕）出資買下這兩處遺址，然後捐給國家。一九四八年，她獲頒大英帝國司令勳章（CBE），表揚她對考古學的貢獻。

一九九〇年代，考古學家約書亞·波拉德（Joshua Pollard）根據茱德·康寧頓悉心挖掘的成果，重新對巨木陣和聖所做了分析，從中辨識出遺址裡不同人工製品的擺放模式，例如陶器殘片、加工過的燧石與鹿角碎片、雕刻過的白堊文物，甚至小塊人骨。這些模式顯示出，當時的人是以約定俗成、井然有序的方式繞著這些石陣圈或木陣圈移動，並在行經不同立柱時放置特定的供品。人們進入這些聖地後，不能直攻中心，而是要沿著一條環行通道繞著同心圓前進。在巨木陣的某些地點上，人們會將一小把人骨放置在立柱四周，包括入口的兩側，而巨木陣的圓心處則是一名孩童的墓葬，約莫兩、三歲大。[20]這些遺址顯示出，當時有一種經過設計的移動展演，一如後人在幾何造型式的遊樂花園裡穿越一座座迷宮那樣。

在歷史上，迷宮（maze or labyrinth）經常被用來代表某種旅程——可能是真實存在、具有象徵意義的路徑，或隱喻生死與重生的歷程。在法國沙特爾大教堂（Chartres Cathedral）的地板上有一個迷宮圖（譯註：宗教界稱為「祈禱圈」），時間可回溯到十三世紀，象徵通往聖地的微縮版朝聖路，為無法真正走一趟朝聖之旅的信徒提供替代方案。

走進這類迷宮，可能會讓你有所改變：「穿越迷宮者離開時與進入時並非同一人，」

赫曼・柯恩（Hermann Kern）在《穿越迷宮》（*Through the Labyrinth*）一書中寫道，「他已經重生，進入存在的新階段或新境界。」[21]

史前時代的紀念性建築也是這樣被理解和使用的嗎？那也是更加漫長的旅程或朝聖的象徵嗎？是行走出來的敘事嗎？是用雙腳講述的故事嗎？沒有證據顯示並非如此。

第5章 標路：大地之線

本章講述腳印如何變成我們的小道和小徑，
以及一位知名古文物學家如何為古蹟命名

當我們順著祖先的腳印追蹤他們的路徑時，我們也變成一條移動路線的一部分，那條路線是由許多雙腳在漫長的時間裡走出來的。

而腳印與路徑之間，生痕學與路徑學（hodology，源自希臘文的「*hodos*」，路徑之意）之間，也有差異存在。研究腳印，我們可瞥見個體生活的短瞬片刻。路徑則會告訴我們整個社群延續數代的行為。

路徑的維持仰賴使用，仰賴踩踏土地。踩踏會壓實土壤，傷害一切生長之物。吃草的動物（無論野生或畜養的）還會推倒植被，把路徑拓得更寬。路徑可能還需要一些季節性的養護工作，例如修剪春夏新生的植物，但應付規律性的使用大體不成問題。

長久下來，路徑逐漸變成獨特的生態系，與周遭地景截然不同。動物糞便裡的種子會在小路兩旁長出特定的植物群落。人類也貢獻了一把，比方我們邊走邊吐出酸蘋果的果核或黑莓種子，邊走邊把梅子或黑刺李的種子扔向兩旁。或是把手伸進滿滿一口袋採集到的榛果，卻笨手笨腳掉出一兩顆。而人類和動物沿路大小便，又為土地增添養分，讓人類喜愛的食用植物可以沿途出現。人類還能更有意識地照管沿途的植物，把供應醫療、染色、纖維和繩索用的植物移植到路徑兩旁，之後只要稍加照顧即可：經過時順便做點修剪、焚燒、砍伐、採收、覆料和除草的小活。我們透過這種方式沿路打造出獨一無二的環境。[1]下次，當你走在小徑上，隨手採摘藍莓灌木和酸蘋果樹上的果子時，請想想先前曾經有無數旅人（或許跟你一樣）因為這條路徑的存在而得以果腹。也請想想，是過去數百年來一代又一代的人打造出這些獨一無二的線形環境，供你這位後人使用。今日，我們對這些植栽近乎視若無睹，但它們之所以存在於路徑兩旁，並非偶然巧合。也請謹記，當某條路徑被地主或議會改道拓寬，以及當路旁的植被遭到剷除時，那也同時抹煞了數百年甚至數千年的歷史。

所以，路徑是由習慣形成的。它們是例行公事和日常生活的體現。它們平凡、乏味——弔詭的是，正是因為平凡乏味而讓它們更引人入勝。它們存在是因為被使用，一旦停止使用，就會遭植物淹沒，不復存在。為了防止這些路徑消失，在上面移動的人們便發展出一套標示系統。

標示的方法之一，至今我們依然熟悉，就是在沿途的樹上做記號：在樹幹上刻符號和刮掉一些樹皮，或是彎折小樹苗指往路徑的方向，這個過程稱為「trailblazing」（字面意思是「為小徑畫出斑紋」）。今日，我們會把「trailblazer」想像成科學、商業或研究界的開路先驅，但真正的「trailblazer」其實是標示路徑之人，是順著路走並沿路標記之人。就像我們會根據馬臉上縱貫而下的獨特白色「斑紋」（blaze）來識別馬匹，每條道路也會因為路樹上獨特的斑紋標記而為人所知。

道路也可用其他方法標示，例如設置路標和指示牌將訊息傳送給旅人。在歐洲，史前時代晚期的路標多半是用堆疊起來的石頭（cairn）和其他地標做記號，或是將符號刻在巨石上，指出最佳路線或重要地點與儀式場所的方向。由此可見，青銅時代排成長長一線的圓墳丘（round barrow），便是歐洲各地所謂「墳丘路」的記號。最初的路徑本身早已荒佚，只留下由墳丘串聯而成的路線為我們所見。[2]

並非所有路線都需要實體標記，有些是留存在記憶中。在美國亞歷桑納州中、南部以及墨西哥索諾拉（Sonora）北部的乾旱地區，長途路線是表達在組曲（song cycles）的演唱中。這些歌曲描繪出真實路線，有時甚至是以即時同步的方式演唱，哪怕這代表需要唱上一整晚。這些歌曲點出某座沙丘或山丘之類的地標，從中人們學會如何在當地行走。

這些組曲可以用象徵性、神聖性或敘述性的方式描述祖先的旅程。布魯斯・查特文在《歌徑》（*The Songlines*）一書中，對這些先靈始祖的旅程有美麗的描繪，為澳洲原住民綿延無盡的夢時代（Dreamtime）賦予聲音。[3]

在英國，有一種名為「cursus」（長形圍場）的新石器遺址，一直被認為有可能是靈性之路或世俗之路的地標。長形圍場遺址可回溯到西元前三千五百年到西元前三千年，是一種長窄形的土質大道，以平行的溝渠和土堤圈圍起來，或是由鑿入地面的坑洞和大柱孔標出界圍。長形圍場至今仍充滿謎團。它們似乎標示出一條筆直的軌道或路徑，但奇怪的是，它們有封閉的方形兩端：它們不是通道，而是很長的圍場。它們是由十八世紀傑出的古物學家威廉・斯圖凱利（William Stukeley）命名，他是第一位在巨石陣地景中辨識出這類遺址之人。

斯圖凱利是林肯郡的醫生，後來轉為神職人員，他可說是英國最著名的古物學家，對觀察和繪製史前地景擁有獨特天賦，同時具備藝術家的實力與調查員的精準。他善於掌握整體的鄉間景致，而非個別古蹟，他對地景的許多敏銳觀察，至今仍為考古學家所引用。

不過他的繪圖也非毫無瑕疵。他習慣回頭檢視一七二〇年代的早期手稿和繪圖，並根據後來的詮釋修改調整。他對我們馬上就會談到的艾夫伯里遺址群繪圖，修改得尤其頻繁。隨著斯圖凱利對宗教日益虔誠，他開始將這些史前遺蹟視為早期基督教圖像學的體現和反映，並為了貼合這些詮釋而去修改早期的精準繪圖。他對巨石陣的長形圍場也做了類似調整，在最初的繪圖裡，長形圍場的兩端是正確的方形，但後來他說服自己，認為那是一座古羅馬時代的馬車賽道，於是將兩端畫成圓弧形，跟古羅馬的大賽車場（Circus Maximus）一樣。[4]他根據賽車場的原文「circus」將這類遺蹟命名為「cursus」，拉丁文的字義是「移動」。雖然這個名稱是基於誤判和變造，但我認為倒是歪打正著，極為合適。

今日，在英國與愛爾蘭境內，已經發現一百多個長形圍場遺蹟。有些長度幾百公尺；有些甚至綿延好幾公里。規模最大的多塞特長形圍場（Dorset Cursus）將近十公里長，以歪歪扭扭的路線跨越克蘭伯恩獵場（Cranborne Chase）的白堊丘陵地，從東北端的馬丁丘（Martin Down）延伸到西南端的厚棘丘（Thickthorn Down）。在史前時代，長形圍場屬於最龐然的構造物之一，代表了無數勞力的總和。其中大部分如今已遭夷平，從地面上很難看到，只能從空中鳥瞰才能看個清楚。那麼，它們是何用途？

當前的詮釋包羅萬象，有實用性的也有精神性的，例如：標示出先前存在的路徑供人緬懷；對應宇宙星象的排列；長途趕牛道上的集墟點；出生、成年、結婚、死亡這類人生儀禮的隱喻之路；典禮儀式的遊行路線；或儀式化的朝聖之旅。當時人是靜靜走在這些巨大的圍場裡嗎？還是會唱歌、吟誦或跳舞？也許他們根本不是走在**裡面**，而是沿著邊緣繞行，把內部通道留給新舊亡靈？[5]

老實說，你可以放任想像力天馬行空，畢竟這些長形圍場留下的文物極為稀少，無法反駁你的猜測。這是考古學最讓人開心也最令人沮喪的地方：為了理解過往而對想像毫不設限，然後將這些狂想與證據擺在一起，只有彼此相符的方能留下。

圓形圍場（henge）的建造時間略晚於長形圍場，且從新石器時代延續到銅器時代。它們同樣是用土方圈圍起來的一塊場地，但這次是圓形，由一道土堤和一道內溝圈定範圍。圓形圍場很可能是畜牧社會的聚集地，人們會在一年的幾個固定時刻來到這些地點，一起飲宴並交換物品、消息和想法。但根據我們在圓形圍場裡找到的珍貴文物類型來判斷，它也有可能是宗教中心：也就是用作聖顯（hierophany）之地；「hierophany」一詞源自希臘文的「*hieros*」（神聖）和「*phainein*」（顯現）。「henge」之名來自「Stonehenge」（巨石陣），但容易把人弄糊塗的是，根據我們現代的定義，巨石陣並非道地的圓形圍場。

有些圓形圍場有兩個彼此相對的入口，指出一條移動路線：進入、穿越、出去。這讓我們覺得，這些激發人們宗教情感的莊嚴圍場，或許是沿著既有的路徑串聯排列，它們的入口同時從實質面與象徵面將旅人送上他們的旅程。日後的羅馬和中世紀道路有時還會遵循這些軌跡，為上述說法增添了分量，同時也顯示出，在這些圍場本身廢棄許久之後，那條路線依然存活下來，可以行走。以此類推，擁有四個兩兩相對入口的圓形圍場，很可能代表了兩條路線的交叉之處。[6]

我花了多年時間試圖理解圓形圍場，也挖掘過幾座，企圖找出答案。我最喜歡的一座，是我們先前提過的馬登圓形圍場，位在威爾特郡的皮尤希谷，介於巨石陣與艾夫伯里中途。馬登圓形圍場長半公里，是全國最大的一座，並因此贏得超大圓形圍場（megahenge）的稱號。我在圍場內部挖掘了一系列考古探溝，度過四個美妙的夏季：馬登雖然規模最大，卻是威塞克斯（Wessex）大型圓形圍場中知名度最低的一個。大多數的關注焦點都集中在北邊的艾夫伯里地區或南邊的巨石陣——兩者都是聯合國教科文組織明列的世界遺產。介於中間的馬登就這樣被忽略了。總是被劣勢者吸引的我，想要修正一下這種失衡現象，更深入去理解這些謎樣古蹟的難解意義。

馬登圓形圍場最有趣的面向之一，是它就位在亞芬河（River Avon）畔。它有兩個相對而立的入口，如果把兩者連成一條線，正好與河道平行。將這條路線延伸到圍場之外，往南沿著河流行經幾公里後，會碰到另一座巨大的圓形圍場：杜靈頓垣牆（Durrington Walls）。這座巨大圓形圍場最近也開始挖掘，顯示有一條堅固的碎石道路從河邊連接到其中一處入口。這座圓形圍場顯然也跟亞芬河有所連結。如果我們順流而下，就會抵達巨石陣，這裡也有一條大道連通亞芬河。

我們在挖掘馬登遺址這段期間，的確發現了一些精采文物，從新石器時代房舍到保存良好的宴會遺痕都有。我不確定我對這些圓形圍場的用途是否足夠理解，但我的確強烈感覺到，至少這三處重要遺址全都與亞芬河相連，有一條路線在三者之間流動。也許它們是互有關聯的宗教中心，人們在這三處之間行走，是史前朝聖之旅的一部分。也或者，它們的角色較為世俗？在這三者之間的移動有可能就跟日常通勤一樣平凡，雖然很難以想像。

在英國各地，還有其他串聯成線的圓形圍場；如果把那些相對而立的入口排列起來，就會像中間應該有條路把它們連接起來似的——一如項鍊上的珠子。其中一條這樣的圓形圍場鏈，沿著一道南北向廊帶穿過約克郡北部的約克谷地（Vales of York）和莫布雷（Mowbray），學者一直認為這條路徑是長途通道「大北路」（Great North Route）的一部分。[7]緊接在後的，是古羅馬時代的一條主幹道：德雷街道（Dere Street）。今日，這條路線還在使用中，只是換了一個比較平凡的名字：A1(M)高速公路。

有些圓形圍場和石陣圈要通過兩側立有石頭的通道趨近，同理，有些木陣圈則是經由兩側立有木頭的通道進入。最知名的就是艾夫伯里，它有兩條進出的立石大道，分別是貝克漢普頓大道（Beckhampton Avenue）和西肯內特大道（West Kennet Avenue）。學者認為，這是進出圓形圍場的宏偉遊行路。斯圖凱利將它們視為大蛇的身體，繞著新石器時代的錫爾伯里丘蜿蜒。他認為，這條蛇的頭部就是聖所——我們在上一章提過的重要遺址；他還修改了調查結果，讓它看起來更綿長，更具蛇形。

圓形圍場、木陣圈和石陣圈，以及其他新石器時代晚期的遺蹟，都可說是「纖薄」（thin）之所，分隔現世與來世的那道帷幕在這些地方變成半透明的薄紗，遠地社群可在一年中的固定時節依循特定路線前來。進入之後，人們順著規定的形式化路線繞行，獻上具有象徵意義的文物和供品。對我而言，這些處所顯然具有宗教和超自然的角色。那麼，它們算是史前朝聖之旅的證據嗎？

無論真相如何，艾夫伯里、馬登和巨石陣這類遺蹟最令我震驚的是，它們跟腳印不同，對世世代代的先祖而言，那也是明顯可見的存在——所有人就跟我們此刻一樣，凝視著它們、渴望了解它們。

第6章 朝聖：為神靈而走

本章會看到旅程大於每段路途的總和，也會探索最早的假日

朝聖者的形象為移動之人提供了一種原型，而朝聖也是往日人們踏上旅程的一大原因。至今依然。

如同我們剛剛提到的，朝聖之旅指的是往返於某個聖地的移動，這些聖地是為了更廣大的社群服務，而這類移動有時已經發展出正式的形制。朝聖不像狩獵、採集或通勤，朝聖不是日常移動。朝聖是一種特殊大事，通常會預先做好詳細規畫。朝聖是往返的旅程：前往某個目的地，然後回返。因此，朝聖往往也是在不同的存在狀態之間移動，包括肉體與精神兩方面。就這點而言，朝聖之旅的每個環節，其意義都經過強化。

這種現象普遍見於所有文化、所有時期和幾乎所有宗教，也發生在世俗場景裡。除了朝聖一詞，還有什麼用語可以形容一堆人在每年固定時間踏上旅程，去參加格拉斯頓

伯里（Glastonbury）音樂節之類的活動？從遙遠的未來回顧我們今日，彼時的考古學家想必會對附近垃圾掩埋場裡大量的營地材料和音樂相關紀念品充滿好奇，一如今日我們會在早已往生的朝聖者丟棄的物品裡尋找往日朝聖的證據。

在千百年的書寫歷史裡，每年都有數百萬人踏上某種形式的朝聖之旅，無論是天主教徒前往盧德（Lourdes），或穆斯林前往麥加和麥地那（Medina）進行一年一度的朝聖（*hajj*）。成千上萬的徒步者沿著聖雅各之路（Camino），跨越歐洲前往位於西班牙西北海岸的聖地牙哥康波斯特拉（Santiago de Compostela）朝聖，這條朝聖之路如今已被列為世界文化遺產。

在日本，許許多多民眾身穿象徵裹屍布的白衣，手持金剛杖，以徒步、駕車或搭乘巴士的方式參訪八十八座佛教寺院，完成長達一千四百公里、環繞四國全島的遍路之旅。今日，朝聖依然是世界上最大規模集會的原因：印度阿拉哈巴德（Allahabad）的大壺節（Kumbh Mela）每次都會吸引一億左右的人口。大壺節每三年舉行一次，典禮高潮是在恆河與雅木納河（Yamuna）這兩條聖河的交會處沐浴。

對許多人而言，朝聖的吸引力在於旅程本身，就跟起點和終點一樣重要。我能理解這點。我雖然不是宗教信徒，卻常想去參加一場大型朝聖。許多走過聖地牙哥朝聖路的人明確表示自己並不信教。這讓我們不禁要問：他們的動機是什麼？

回顧往事，我發現自己幾年前也曾走過某種朝聖之旅。我和弟弟賈斯汀決定在母親去世十週年時，花五天的時間徒步行走一百英里，從薩默塞特郡（Somerset）巴斯（Bath）城外我們住過的外祖母家，走到位於德文郡（Devon）的阿姨家。除了我倆和我們家族之外，這趟旅程顯然對其他人都沒有任何意義，但當時我倆的確是用朝聖來稱呼它。這其實是一趟省思行腳。而且我認為，裡頭蘊含著某個重要東西。行腳提供省思的機會。無論你想如何定義朝聖，它都揭露出人類行不止息的狀態。但朝聖也顯示出人類渴望追尋，未必是追尋啟蒙，而是想透過朝聖之旅追尋某種生命的意義。歷史上有無數案例告訴我們，成群結隊的行走會將人與人，以及人與地方、事物、情感和信仰之間的關係編織起來。換句話說，會將我們眼中重要的一切都編織起來。

在歐洲基督教世界，朝聖是虔信上帝或某位聖徒的宗教行為，是「向神之愛朝聖」，目標是修道院和大教堂之類的聖地。朝聖景點也會因為其他原因而變得神聖。通常是人們認為該地點具有某種超自然特質，而對基督徒而言，這種特質往往和聖母顯靈有關。一〇六一年，在懺悔者愛德華（Edward the Confessor）統治期間，諾福克郡瓦辛漢帕瓦（Walsingham Parva）莊園的領主遺孀瑞秋迪絲（Richeldis）三度看到聖母顯靈，要她在諾福克打造一棟耶穌拿撒勒（Nazareth）故居的複製品。房子蓋好後，聖母顯靈與聖家落成的消息傳開，連同飲用附近泉水可以治病的故事也傳開了。瓦辛漢自此成為聖母崇拜的中心，並發展成英國最重要的朝聖地之一，吸引了皇家造訪。

這跟較為晚近南法盧德的發展沒有太大區別。一八五八年，青少女伯娜黛特・蘇比胡斯（Bernadette Soubirous）宣稱她接連看到聖母顯靈，向她展示一處泉水。顯靈與飲用泉水可以治病的傳聞迅速擴散開來。在教會支持下，盧德變成基督教官方公開宣布的朝聖景點，並躋身世界最知名的現代朝聖地之列，至今每年仍舊吸引六百萬左右的訪客。

其他顯靈故事還包括愛爾蘭的科諾克（Knock）村。一八七九年，幾位村民看到聖母在當地禮拜堂旁邊顯靈，自此之後就變成吸引全國上下的朝聖地。一九八〇年代類似的事蹟也發生在赫塞哥維納（Herzegovina）的莫主哥耶（Medjugorje），吸引天主教徒蜂擁而至。

鏡頭轉向世俗生活，貓王位於田納西州孟斐斯（Memphis）的故居「雅園」（Graceland），近幾十年來也成為數百萬自稱朝聖者的目的地。他們會在雅園門口和貓王墓地，留下給「國王」（the King）的供品和訊息。有趣的是，許多人宣稱曾在雅園和其他地方看過貓王顯靈——目擊到他們崇拜的偶像。

除了顯靈之外，人們還會前往留有真實聖體和聖跡之處，而這點也可套用在世俗領域。在俄羅斯嚴格執行無神論的蘇維埃時期，位於莫斯科的列寧墓變成民眾敬仰和朝聖的地點。數百萬人前往紅場，排隊瞻仰他那經過防腐處理的遺體，與二〇二二年英國女王伊莉莎白二世駕崩後公眾在倫敦的行為大同小異。

民眾瞻仰遺體的行為，其實就是在遵行一項行之久遠的習俗，而這項習俗在許多宗教傳統的書寫歷史中都可以找到。因此，我們沒有理由假設這樣的習俗不能往回追溯到史前時代。

聖墓和聖髑向來是吸引朝聖的一大要素。聖髑包括傳言中的聖者遺體，例如他們的頭骨或其他身體部位，也包括與聖者生平和受難過程相關的物品。聖母的眼淚和乳汁是令人垂涎的宗教財產。與耶穌一生相關的物件更是最受吹捧的至高遺物。包括據說來自耶穌受難十字架的釘子和木屑，或他身體的一部分。他的包皮尤其搶手，在中世紀歐洲，至少有三十一個地方聲稱擁有獨一無二的「聖包皮」（Holy Prepuce）。

自古至今，一直有許多人相信，這些物品具有神聖的精神力量，值得人們跋涉千里親眼目睹。

由於聖髑吸引朝聖者（和他們的金錢）的力道實在太大，中世紀的修道院和大教堂因此展開激烈競爭。畢竟，只要擁有一件好聖髑就足以讓你的城鎮聲名遠播。興盛蓬勃的聖髑市場隨之發展起來，專業的聖髑經銷商（和騙子）會以巨額金錢交易這些物品。

偷竊也很常見，有些人會不擇手段取得心儀的聖髑。一一九〇年左右有個流傳的故事：林肯主教休（Hugh）在上諾曼第的費康修道院（Fécamp Abbey）作客時，修士們向他展示抹大拉馬利亞的木乃伊手臂；休彎身向前親吻那件聖髑時，突然伸手抓住那隻手臂，想要折下一小塊；搶折無果後，他將那隻手放進嘴裡，先用門牙，接著用臼齒，企圖咬下一根手指。在修士們大喊：「無恥、無恥！」的聲浪中，他終於成功咬下兩塊碎片，帶回林肯。這項壯舉讓他在林肯備受讚揚，後來還因此封聖。

許多朝聖中心都把焦點擺在這類聖髑上。最著名的是聖地牙哥，據說那裡有使徒暨烈士聖雅各（譯註：西班牙人將聖雅各稱為聖地牙哥，英國人稱為聖詹姆士）的遺物。義大利帕都瓦（Padua）聖安東尼大教堂（Basilica of St Anthony）是該名聖者的聖墓所在。大教堂還保有他的舌頭，就蒐藏在聖物箱中。直到今日，朝聖者仍絡繹不絕前往大教堂瞻仰這件遺物，在商店裡還能買到鋪在聖舌上加持過的細棉布這樣的紀念品。斯里蘭卡康堤（Kandy）的佛牙寺也吸引了大量佛教徒前去瞻仰佛陀的聖牙。

朝聖除了是一種虔誠的宗教行動之外，也一直具有文化和社會意義，而且在某種程度上，是一種做給他人解讀的表演。[1]

世界各地的民眾都會在朝聖時穿上特殊服飾。這些裝扮或許有實用功能，但也是為了彰顯他們的意圖。今日，參加音樂節的旅客在擁擠的火車站也會特別顯眼，因為他們身穿上次音樂節購買的圓領衫、腳踏威靈頓長筒雨靴，還揹了沉重背包。時間拉回中世紀，當時的朝聖者可能會攜帶一根尾端有金屬套環的步行長手杖、一只請求施捨的化緣袋、一頂有時會將前簷摺起的寬簷帽，以及一件粗布長斗篷。這些行頭很可能都在啟程前的彌撒中接受過祝福。

伍斯特大教堂修道院（Worcester Cathedral Priory）裡有一座十五或十六世紀的墓，為一名朝聖者提供了罕見的證據。他的及膝長靴依然保存良好，磨損程度明顯可看出走過很長的路。但真正的指標性陪葬品是他的木製步行杖，杖身塗了紫色（在當時是昂貴的顏色）。步行杖上繫了一枚扇貝殼，表示他的朝聖之旅可能是前往聖地牙哥康波斯特拉的聖雅各聖地。[2]事實上，中世紀的朝聖者很常將他們的朝聖證據展示出來，一枚扇貝殼或扇貝殼的圖像，也能表明他們去過聖地牙哥。

其他聖地也為朝聖者提供可以展示的標誌物：名為朝聖徽章（pilgrim badges）的金屬小浮雕，上面刻有宗教代表圖像，例如聖龕、教堂或其他聖地。這類徽章只會裝飾其中一面，方便朝聖者用別針或針線固定在帽子、斗篷或袋子上。從前的朝聖者會滿心驕傲將這些大量生產的廉價紀念品展示給其他人看。這些紀念品也被視為具有強大力量的物件，充滿宗教神力，據說可治療和保護佩戴者。

聖瓶（ampullae）也有類似功能。它們的性質類似朝聖徽章，但是用鉛或白鑞做成的小瓶，裡頭盛放聖水、聖油或其他液體，通常會繫在繩索上，當成項鍊佩戴。在約克郡發現一只密封的聖油瓶，裡面裝了浸有香草和香料的液體。一一七〇年，大法官湯瑪斯・貝克特（Thomas Becket）遭到謀殺之後，坎特伯里（Canterbury）變成大受歡迎的朝聖中心，巔峰時期每年會吸引兩萬名朝聖者。造訪者可從坎特伯里帶走裝有聖水的聖瓶，傳說聖水裡混了一點貝克特的血。這種「貝克特水」或「坎特伯里水」是中世紀的一種同類療法，可治百病。中世紀的偉大旅人和編年史家威爾斯的傑拉德（Gerald of Wales）曾經描述，他去南華克（Southwark）造訪溫徹斯特主教（Bishop of Winchester）時，脖子上掛著坎特伯里聖瓶，主教一眼就認出那個瓶子，並知道傑拉德去過哪裡。換句話說，主教解讀出那個密碼：那是坎特伯里朝聖者的徽章。

這些神聖之旅的考古證據主要來自在墓穴和其他地方發現的朝聖徽章、聖瓶和扇貝殼。在坎特伯里和索爾茲伯里（Salisbury）的河流渡口發現到許多這類物品，在倫敦的泰晤士河沿岸，數量更是龐大，證明當時有一群又一群的返家朝聖者。這類文物大多來自地方層級或全國層級的聖地，不過在索爾茲伯里挖掘出來的聖于貝（St Hubert）和聖若斯（St Josse）朝聖徽章，很可能是源自於比利時的亞爾登（Ardennes）和法國的皮卡第（Picardy）。在英國威勒爾半島（Wirral peninsula）北部海岸的米奧斯（Meols）村發現了七個朝聖標記：三個來自聖地牙哥，一個來自羅馬，兩個可能來自德國的亞琛（Aachen），還有一個來自法國的羅卡馬杜聖母院（Our Lady of Rocamadour）；這證明了當時的確存在長途的朝聖之旅。[3]

中世紀有各式各樣的朝聖者，朝聖動機也五花八門。有些是自願的，為自身的信仰與虔誠留下見證。對有些人而言，朝聖是一種生活方式：這些人總是處於行腳狀態，有點像是尼泊爾或印度的苦行僧。也有些人踏上朝聖之旅是為了換取贖罪券，減少來世在煉獄受苦的時間（威爾斯的傑拉德就曾計算出，他減少了整整一百年的時間）。許多人士想尋求神蹟治癒疾病、紓解慢性疼痛，或是替生病的朋友親人祈願。我們先前提過，諾福克的瓦辛漢據說就是一處醫療聖地，也因此變成首屈一指的朝聖目的地。也有些人朝聖是為了保平安，例如孕婦希望分娩時母子均安。還有一些極端案例，有人為了表明自己的虔誠以及分享基督的謙卑態度，全程禁食或赤足行走，甚至在腳踝戴上會令人聯想到奴隸或罪犯的沉重腳鐐，刻意讓雙腳瘀青、起泡和受傷，將朝聖體驗變得更加痛苦。

有些朝聖者毫無所求，只是單純享受跟一群朋友鄰居出去走走的樂趣，可能是一天來回，也可能是較長的旅程。這種情況通常會發生在一年中的特定時刻，多半是宗教節慶和隨之而來的市集。例如，在十二世紀的索爾茲伯里大教堂，市集時間會配合九月的聖母誕辰紀念日（Feast of the Nativity）和聖髑節（Feast of Relics）一同舉行，吸引大量民眾。同樣的，以聖伊沃（St Ivo）治療泉水和聖堂為中心發展起來的復活節市集，也變成全國性的重要節慶，據說聖伊沃是一名波斯主教，死於亨廷頓（Huntingdon）附近的斯雷普（Slepe），死時是一名隱士。我們可以在十四世紀喬叟粗俗詼諧的《坎特伯里故事集》（*Canterbury Tales*）裡，看到朝聖者大吃大喝、休閒有趣的面向。這些聖日就是最早的假日，我們可以在今日提供季節性娛樂的馬戲團和巡迴式遊樂場中找到它們的回聲，例如海德公園的冬季仙境（Winter Wonderland）。

這種歡樂與縈繞在許多朝聖者心頭的絕望形成鮮明對比，這點頗值得思考。因為成群結隊的尋歡年輕人與虔誠苦行僧和貧窮、生病與垂死之人走的是同一條路。不過，娛樂和觀光始終是朝聖之旅的一部分，至今依然如此。

朝聖者之間的另一大差異是性別。男性可以單獨旅行；女性則要有人陪同，還須得到法定監護人的同意：未婚者是父親，已婚者是丈夫。有些聖龕聖堂只對男性開放，女性不許靠近，例如達蘭大教堂（Durham Cathedral）的聖卡斯伯特（St Cuthbert）聖龕，而嘉都西隱修會（Carthusian）或熙篤隱修會（Cistercian）的聖髑或聖像，大抵都是女性不能瞻仰的。此外，十三世紀末到十四世紀初，修女和其他女性宗教人員的行動也受到嚴格限制，修女必須得到修道院長的准許，但同意的案例十分罕見。4

朝聖跟其他多數活動一樣，也有社會層級之別。有錢人更有機會靠近聖龕，交通工具也更舒適。《坎特伯里故事集》裡的朝聖主角都有坐騎。前文提過一名埋骨於伍斯特大教堂修道院的朝聖者——種種跡象都透露出他是個財力雄厚的男子，而他位於大教堂內部的墓葬位置也是一大佐證。

有錢人可以購買貴金屬製作的朝聖徽章，那不是大多數人能負擔的廉價基材。紀錄顯示，勃根第公爵（Duke of Burgund）「好人」腓力（Philip the Good）和「大膽」查理（Charles the Bold）購買過金銀徽章，法王查理八世也是。有錢人還可以遠赴聖地耶路撒冷、西班牙或羅馬：喬叟筆下的「巴斯婦人」（Wife of Bath）曾經「三次前往耶路撒冷」，還有羅馬、聖地牙哥、科隆和布洛涅（Boulogne）。財力不夠雄厚之人，只能去當地或該區的某個聖地短途朝聖。但整體而言，朝聖之路本身是由貧富共享，雙方還經常擦肩而過。

許多紀錄也顯示，有錢人會出錢請別人代替他們去朝聖——某種虛擬旅行。法國伯爵夫人阿托瓦的瑪歐（Mahaut of Artois）就是這類不移動的朝聖者；一三〇四年，她付錢給一名朝聖者以她的名義造訪聖地牙哥。一五〇二年，約克的伊莉莎白派了兩名男子上路，去英國各地的聖堂朝聖：一位造訪了雷丁（Reading）、黑爾斯（Hales）、伍斯特和瓦辛漢，另一位前往坎特伯里和倫敦。我認為，這和今日人們的虛擬朝聖以及在網路上間接「造訪」朝聖景點（確有其事，你可以上網找找），也沒有太大不同。

這類付費朝聖通常是在付錢之人去世之後才上路，這點可以從他們的遺囑中得到證明。許多遺囑規定，應該由品行良好的誠實之人執行這項任務，並且要提供旅行、食宿的費用和每日工資。一五〇二年，溫徹斯特主教（Bishop of Winchester）愛德華・史托利（Edward Storey）在遺囑中留下五馬克，以便他的特遣牧師能在他死後前往幾處聖地朝聖，其中包括坎特伯里。一四一五年，阿倫德爾伯爵（Earl of Arundel）在阿夫勒（Harfleur）圍城戰後於家中去世，他也在遺囑中要求請人替他去坎特伯里朝聖，還特別註明是要徒步朝聖。[5]

在朝聖者穿越地景的同時，他們也影響、改變了周遭世界。聖龕的供奉和朝聖紀念品是教會重要的收入來源，教會自然有興趣鼓勵更多朝聖者朝聖。我們已經見識到，聖矚以及受聖髑吸引的朝聖者可能怎樣讓一個地方改頭換面。十九世紀，盧德的泉水為不少企業帶來巨大的財富和機會，他們販售俗氣的紀念品、小飾物、明信片，還包括用聖水製作的盧德糖錠（Pastilles de Lourdes）。連結盧德與巴黎和其他城市的新鐵路動工興建，而裝在塑膠聖母瓶裡的泉水，今日更是被運送到全世界。

中世紀就跟今日一樣，想要打造朝聖中心以及它所帶來的財富，就表示得要改善交通，例如更好的道路；這不僅對朝聖者有利，也能惠及其他移動者。朝聖交通繁盛起來之後，連帶增加了沿路的小販、店家和攤商，還有酒館、收容所和各色旅店，讓其他旅遊者也受益。朝聖市集帶來了舞蹈團與戲班子，泰晤士河上的擺渡人也生意興隆，他們服務著從東安格里亞（East Anglia）和艾色克斯（Essex）前往坎特伯里的朝聖者。罪犯毫無疑問也能從這些大規模的聚集人群中大撈一筆。

身在路上、遠離家園——這給了朝聖者極大的自由，自然免不了讓他們陷入誘惑，違反基督教的道德。證據之一來自中世紀的色情徽章，這類徽章在英國很罕見，但在歐陸各地的考古紀錄中倒是所在多有，跟我們先前看到的朝聖徽章擺在一起，顯得極為諷刺。這類徽章以露骨、想像力十足、有時甚至極為華麗的手法描繪男女兩性的生殖器——陰莖長了翅膀或雙腿雙腳，陰戶打扮成小朝聖者的模樣，還拿著手杖，戴了帽子。有時會描繪正在做愛的男女，或是雙腿大張地躺著。甚至還有圍繞著巨大的陰莖樹跳舞的場景。有些徽章可看到女性坐在走動的陰莖野獸上，或用手推車推著那些陰莖野獸。基本上，只要你能想像到的畫面，都可找到具體將其描繪出來的中世紀徽章。由此可見，網際網路真的不需為我們大多數人的道德淪喪和私密欲望負責：我們自古以來便是如此。對於這些徽章的來源我們幾乎一無所知，但應該是在嘉年華以及宗教節慶的市集上販售。這些徽章暗示我們，至少對某些人而言，性自由也是朝聖體驗的一部分。為了遏止這股歪風，教會在朝聖路途上發出各式各樣的警告，主要是畫在建築物上，提醒朝聖者：罪人會在來世受到神的懲罰，而且會報應在他們的生殖器上。

有些人生前就受到懲罰了。這些人在家鄉犯下通姦、誹謗和異端等不檢點的舉止與輕罪，主教便罰他們以朝聖彌補過錯。這些「被迫上路」的朝聖之旅可能會要求懺悔者前往指定的大教堂，並在舉行彌撒時拿著一根蠟燭站在主祭壇前方，或必須赤腳甚至半裸走到聖地。例如，十四世紀一名好色頑劣的威廉・柯維爾（William Covel）因多次違犯通姦罪被判赤足、裸胸、只穿褲子前往坎特伯里朝聖。一三二五年，與教母犯了通姦罪的約翰・麥德（John Mayde）受罰前往聖地牙哥朝聖。在我看來，這懲罰似乎還挺划算。[6]紀錄並未顯示他是否真的去了，或回來後又是如何證明自己去過了。也許應該要拿出一枚扇貝殼，或一份朝聖證明。被判異端之人通常得在前胸後背佩戴黃色十字架。若是犯了更嚴重的謀殺罪，罪犯必須將凶器掛在脖子上走完朝聖之路。在上述這些案例裡，重點顯然是公開羞辱而非宗教體驗。這是當成羞恥之行的朝聖之旅。

在下一章，我們會看更多當權者如何利用權勢強迫人移動——以及阻止人移動。

第7章 踰越：限制與抵抗

本章將看到鄉村的變遷與暴民的起源

我認識的大多數考古學家都會把假期安排在考古遺址附近，但這跟朝聖並不完全一樣。我還沒碰過哪個考古學家能滿足於在沙灘上閒坐兩個禮拜，而不去當地的博物館、教堂或城堡逛逛（這些是最起碼要做的事）。事實上，很多考古學家還會專程請假，去其他人負責的遺址幫忙挖掘。我們上班時間挖掘、下班時間繼續挖掘，純粹是為了享受其中的樂趣。這是我們日常的一部分。

我當然也不例外。我喜歡在度假時造訪考古遺址，每個遺址都會帶給我不同感覺、激發獨一無二的情緒。巨石陣是一堆宏偉的石頭，到此一遊是許多人的願望。對我個人而言，我覺得那裡匆忙紛鬧，有些令人抓狂，到處擠滿一日遊客、接駁巴士和販售英格蘭遺產茶巾和巨石陣雪花球（顯然我兩樣都有）的禮品店。

光譜的另一端是沃倫柏西村（Wharram Percy），棲息在約克郡丘陵（Yorkshire Wolds）遙遠的另一端。這是一處安靜的遺址，訪客稀少。這裡的考古遺蹟主要是放牧草地上的一些起伏地形，既沒有遊客中心，也沒有廁所。這裡曾經是一座繁忙的中世紀小村落，興盛期持續了將近六百年，直到一五〇〇年左右遭到廢棄為止。與今日生氣蓬勃的巨石陣不同——對我而言，沃倫柏西是一片哀傷之景。

在我因為種種因素遷往更北之處定居之前，每當我在約克郡度假，沃倫柏西總會出現在我的行程表上。這裡氛圍感十足，訪客可以走在往日的小村主路上，觀看大約四十棟廢棄房舍被草掩埋的遺址，極盛時期曾有兩百人居住在裡頭。土方殘跡中的一些縫隙就是先前的門洞，至今還可看見。村民的一生就是在這些建築中展開。嬰孩在此踏出第一步。成人在爐邊高談闊論，也會仰頭大笑、合不攏嘴，笑意感染眾人。房舍後方是教堂，如今已然頹圮，但還有部分矗立著。每個星期天，牧師在這裡宣講，唱詩班在這裡吟誦。附近的田野裡有動物吃草，農夫收割。磨坊的水池一度魚影閃閃，每週五為莊園提供魚食。孩童在巷弄裡追著球跑或彼此互追，又或者閒來無事坐在地上拉扯嗡嗡骨（buzz-bones，將骨頭串在扭繩上，拉扯繩索兩端會讓骨頭旋轉並發出嗡嗡聲），用木釘娃娃扮家家酒，或是丟擲骰子然後在棋盤上移動棋子。（這些消遣都在沃倫柏西的挖掘過程中出土。）也是在這些巷弄裡，朋友相遇，愛情滋長，八卦瘋傳。

屬於貴族階級的柏西家族在這裡有一棟莊園，但請勿因此產生誤解，因為沃倫柏西是一個日常勞動人民過著平凡生活的地方。

我們對沃倫柏西的理解，完全得歸功於一名男子的努力。一九四八年，剛當上里茲大學（University of Leeds）經濟史講師的莫里斯・貝雷斯福德（Maurice Beresford）挺著高大但略嫌邋遢的身影站在田野中，他注視著沃倫柏西孤立的教堂以及高低起伏的土丘和窪地，尋思著這些景觀究竟是什麼。其中一些東西與他三年前在列斯特郡（Leicestershire）畢茨比（Bittesby）看到的有點類似，於是他理解到，眼前所見是一座中世紀廢棄村莊的殘跡。這項見解隨後得到英格蘭數百座其他廢棄村莊的認證，開啟了他漫長而成功的學術生涯。

貝雷斯福德一九二〇年出生，在文法學校表現優異，被劍橋大學錄取，他攻讀的是歷史。終身信奉社會主義的他在二戰期間基於道德理由拒絕服兵役。他對景觀中的地理和歷史有種與生俱來的情感。至於人類：他畢生關注人類的福祉，特別是犯人的權益；他教導年輕的罪犯，甚至邀請他們跟他一起挖掘遺址。

一九五〇年，貝雷斯福德與幾名朋友（他不會開車，需要有人載他到處走）和一小撮學生帶著鐵鍬和水桶前往沃倫柏西，在那裡度過好幾個暑假週末。他藉由追牆（chasing walls）*挖出房屋地基，外加出土的陶器和其他文物，確認了他的理論。幾年後，他於一九五四年出版《英國失落的村落》（*The Lost Villages of England*），在書中詳細闡述他的想法和研究；這是一本影響深遠的開創之作。

貝雷斯福德一九五〇年的挖掘規模很小，他也坦承相當粗略，但那開啟了一項研究計畫，直到一九九〇年才告結束。為期四十年間，他們每個暑假挖掘三週，加總起來的挖掘面積不到整個聚落的一成。這看起來似乎不多，卻是一項充滿開創性的計畫，運用了許多今日考古學家視為理所當然的技術，包括大規模開放區域的挖掘、跨領域合作、地球物理探勘和空中探勘工作，以及環境檢測採樣。貝雷斯福德於二〇〇五年去世，他改變了我們對鄉村的看法。

沃倫柏西的考古成果讓我們得以拼組出該村的歷史和最終的衰亡。十四世紀接連爆發的瘟疫和蘇格蘭人偶一為之的劫掠，讓小村的人口減少，且未曾完全恢復。但真正對沃倫柏西造成致命傷的，是名為「圈地」（enclosure）的過程。圈地過程漫長且多樣，在廣大的鄉村地區都可以見到，基本上是指個別地主將敞田（open fields）收回，整併圈圍起來。敞田指的是由細長的條狀耕地（selion）組成的大塊空間，這些條狀耕地原本分租給村民，而他們會有世代承襲的傳統耕作權。同樣的情況也發生在公地上。文件紀錄與考古證據同時顯示，十五世紀最後十年間，沃倫柏西發生了驅逐佃農事件。展示給調查委員會的紀錄裡，提供了一項證據：有四個家庭遭到驅逐，他們的房舍還受到刻意破壞。基本上，情況就是（到當時為止）沒住在當地的地主發通知給佃農，然後把房子拆了。最後幾戶人家約莫是在一五〇〇年左右搬走。有趣的是，在沃倫柏西遺址中發現的某些陶器碎片的年代比一五〇〇年稍晚，另外還出土了一、兩枚十六世紀的代幣（錢幣狀的金屬片）。這部分我們會在本章末尾再次提及。

這種情形在全國上下許多地方零零星星漸次發生。歷經十五到十六世紀，英國鄉下的沒落小村終於被地主完全清空，他們將佃農趕走，把已經圈好的土地用來放羊，由於羊毛價格高漲，養羊的利潤隨之大增。†

貝雷斯福德的研究至少確認有一千三百個類似的地方。沃里克郡北部的博德斯利（Bordesley）約莫在一五〇〇年全村被圈地；格洛斯特郡（Gloucestershire）的中迪奇福德

＊考古學用語，指的是在你挖掘的探溝裡發現一段牆垣，然後沿著那段牆垣一直挖下去，直到整棟建築顯露出來為止。

†必須一提的是，圈地的過程相當複雜，不同區域的差別也極為懸殊。圈地並非單一「事件」，其本身也是當時社會和經濟內部一整套複合過程的結果。

（Middle Ditchford）則在稍早的一八四〇年代人去村廢。北安普敦郡（Northamptonshire）的小奧克森登（Little Oxendon）是另一個保留良好的廢棄小村，就和沃倫柏西一樣，可看到一條主街從中央貫穿，兩側是住宅建地（toft）和附屬的條狀小農地（croft）殘跡。房舍後方是長條狀的中世紀犁痕，稱為壟溝（ridge and furrow）。這整塊地方如今是地面上一連串的隆丘與凹地，寂靜無聲，覆滿草皮。在林肯郡的蓋恩索普（Gainsthorpe）同樣可看到代表當時街道、房屋與鴿舍的高低連綿草丘，說明生活場景曾在那裡上演。類似這樣的案例所在多有。[1]

圈地運動徹底重塑了鄉村面貌，也改變、限制了人們的移動。它提醒我們：移動並不總是自由的。我們先前提到的散步哲學家與漫遊作家都享有隨心所欲的移動自由，古羅馬的菁英和十九世紀巴黎的林蔭大道漫步者也是。他們是特權階級，少說也算半特權。但特權與自由的內涵都是由與它們相反的情況所界定，特權與自由從來不屬於每個人。

前幾章我們看到的移動是由文化規範所界定，無論是二十世紀布魯克林的約翰·屈伏塔，或威爾特郡的新石器時代遺址，都是例子。本章我們將看到，這些文化本身則是由自由和限制所界定。同樣的，當考古證據（還）不可得時，我們必須參考現有的情況與書寫的歷史紀錄。而我們從中得知，掌權者不僅能強迫人們移動，有時也能**限制**移動。權力可以同時發揮鞭子和鎖鏈的功能。

遲至一九六七年，英國刑法才將「慣於夜間犯行者」（common night walker）這一罪名從法規中移除。這項罪名是在一二八五年由愛德華一世創立，在歷史上延續了七百多年。該法令稱為溫徹斯特法（Statute of Winchester）——要求所有設置城牆的城鎮須在日落時關閉城門，並在日出前實施宵禁，每個聚落都得要有夜間巡邏人。

凡是在夜間移動之人都被稱為「慣於夜間犯行者」，他們極有可能是「放蕩者」或小偷，可由夜間巡邏人拘提。畢竟，如果你晚上都在外面走動，白天肯定在睡覺，這樣會變得遊手好閒、沒有經濟價值。[2]

一三三一年，愛德華三世將這條法令加以延伸，強力規範民眾的移動。流動人口和無業遊民不勝其擾。一三八八年的劍橋法（Statute of Cambridge）加上了更多限制，勞工和乞丐若缺乏「正當理由」以及類似移動護照的書面證明，則禁止離開居住地。離開土地相當於離開領主，並因此脫離他們的控制。領主深知，控制移動就是控制人口。因為也跟今日的情況一樣，地理移動就是社會移動的同義詞。

與此同時，整個中世紀與現代初期的貧窮狀況，造成許多無地可種、無處可居的勞動階級必須不停移動；工匠、學徒、小販和勞力工作者這類流動群體總是為了尋找工作不停奔波。一六二一年，詩人暨古怪職人約翰・泰勒（John Taylor）*寫道：「生活在這座悲傷山谷裡的一名乞丐，今天晃到這裡，明天去到那裡，後天不在這裡也不在那裡：幾乎無處可去，卻又無所不在。」[3]

以超出文化常規方式移動之人容易啟人疑竇，至今依然如此。起源於印度旁遮普（Punjab）的羅姆人（Roma people）過著一種大體屬於游牧的生活方式。他們的浪跡生活被視為狂放不羈，受到文明定居社會的憎惡。一五三〇年，英王亨利八世批准「埃及人法」（Egyptians Act），讓殘酷迫害「這些自稱埃及人的異邦人」的行為得到法律認可。這項法案直到一八五六年才宣告廢止，但對「吉普賽人」（Gypsies，「Gypsies」一詞源自「Egyptians」這個錯誤名稱）的仇視卻依然延續至今。與漫遊的狩獵採集者一樣，「流浪者」（Traveller）團體既被浪漫化也被妖魔化。

英國的另一個圈地時期稱為「國會圈地」（Parliamentary Enclosure），發生時間比較晚近，有兩次高峰。第一次在十八世紀中葉，第二次是十九世紀初拿破崙戰爭期間，當時穀物價格暴增。地主向國會請願，要求將上次圈地運動後還殘存的公地（當時稱為「荒地」〔wastes〕）交給私人控制，藉此提高土地的產能和價值。

這些地區非但不是荒地，往往還擁有豐富資源，例如位於耕地之外的石南地、荒原、山崗、泥沼地、林地、粗牧地、濕地和灌木地。雖然這些地方從來不屬於公家所有，都是私人財產，但當地平民長期以來可享某些使用權，且經常仰賴它們提供食物、維持生計。

公地的用途會因不同地方和不同時代而有所差異，主要是根據在地習慣，但通常包括放牧動物和蒐集燃料等權利，燃料包括木材、泥炭或煤炭，也可能是豆萁（金雀花）、葉簇（濃密成束的長春藤或其他葉子）或草墩（來自濕地或水生地的叢草）。在公地也可採集用於烹飪或醫療的香料植物，例如毛地黃、聖約翰草或小白菊，也能用以製作染料。這些物資可以自用，也能販售。

公地的諸多用途是許多鄉村教區的經濟支柱，讓居住在附近的民眾可以獨立自主，發展自身的手工藝和小規模的家庭產業。這些產業包括燒炭工、曲柄杖製造工、木栓製

＊之所以「古怪」，是因為除了各種瘋狂的旅程之外，他還曾嘗試從倫敦搭紙船前往肯特郡的昆伯勒（Queenborough）。

造工、紡錘製造工、椅子車工、農場雇工、樵夫、採石工、磚工、陶工和違章占地者（squatter）。關於違章占地者，當時有種普遍看法，更像是某種民俗，那就是如果你能一夜之間蓋出一棟房子，並在隔日清晨讓煙囪冒出炊煙，你就有權擁有那棟房子，並且能留在那塊土地上。於是，很多一夜屋、泥磚屋或土屋就成為公地的一部分。人們還可利用跨越公地的眾多步道自由穿梭，從一個教區走到另一個教區。[4]

當某塊荒地被裁定為國會圈地的目標後，就會展開調查測量，全面重新設計，讓土地可以細分成各自獨立的私有土地持分。接著，這些新田就用來種植作物（小麥和大麥）或牲畜飼料（苜蓿和紅豆草，蕪菁和根甜菜）。例如，紀錄顯示，在距離沃倫柏西不遠的約克郡丘陵，一七三〇年代的新圈地種植紅豆草，一七五〇年代種植苜蓿，一七六〇年代種植蕪菁。

再隔段時間，許多荒原變成射擊狩獵莊園。例如一八四〇年的「金德圈地法案」（Kinder Enclosure Act）圈了皮克區（Peak District）金德荒原上的一千三百五十二英畝地，土地成為鷓鴣狩獵場。紀錄也顯示，一八九八年，當民眾在皮克區的布魯姆黑德荒原（Broomhead Moor）撿拾山桑子時，他們遭到態度不善的獵場看守人驅趕，因為該處已經變成運動休閒莊園。類似的故事在英國各地都可找到。

原本廣袤的開放空間，由無數家庭使用，並嘉惠了無數家庭，如今卻成了一條條邊界線和一塊塊私人擁有的矩形新田，被人用籬笆和速生的山楂樹籬（別名「速生荊棘」〔quickthorn〕）圈圍起來。詩人約翰・克萊爾（John Clare）描述兒時北安普敦郡荒野的圈地運動時，曾這樣表示：「以小地塊取悅小心靈。」

先前向所有居民開放的土地封閉了；長久以來與土地相關的義務、特許和權利一律廢棄。*突然間，仰賴公地的生活方式就此滅絕，許多在地工藝也隨之消殞。仰賴公地維生之人只能出賣勞力養家活口。[5]

想要了解英國地景上的這類轉變，只需看看鄉村地圖上那一道道猛力貫穿的筆直邊界。更好的方式是，親自去看看中世紀畝田的壟溝如何埋沒在後世的樹籬與溝渠之下。

國會圈地運動期間，英國約莫有四百五十萬英畝的莊園荒地被圈圍起來；單是北安普敦郡，就有五萬英畝的荒地消失。[6]國會圈地見證了汲乾高沼地、拉直河流、封閉舊道路，以及嶄新筆直公路的修建。樹籬、溝渠、籬笆、柵欄和圍牆紛紛設了起來，標

*和前面的圈地註解一樣，國會圈地也是個複雜的過程，而且在當時許多人眼中，這是一種「改善措施」，可矯正當時不再適用的不規則系統。

示出新的邊界、阻止大眾進入。幾百年的公共步道棄而不用。圈地過程讓日常路途增加了好幾英里，讓使用者的移動受到嚴格控制。十九世紀博學多才的詩人威廉·巴恩斯（William Barnes），在〈公地圈入〉（The Common a-Took In）一詩裡，用多塞特方言描繪這種情況：

高牆封閉每條窄巷
沿著昔日我們奔跑的
金雀花灌木叢
荊棘刺背。

與此同時，鄉紳的豪宅和新近規畫的景觀同樣對鄉村關上大門。他們築牆圍住土地和步道，修建通常屬於私人的筆直新路和林蔭大道。一七二二年，英國作家丹尼爾·笛福（Daniel Defoe）在《大不列顛環島之旅》（*A Tour Through the Whole Island of Great Britain*）中寫道：「鄉紳們的大宅從基爾福（Guildford）到萊瑟黑德（Leatherhead）一路連綿，長達十英里……他們的公園或花園彼此緊挨。」

當然，我們也可以在考古紀錄中找到排外和限制的證據，就體現在其他更古老的有形邊界上：例如哈德良長城（Hadrian's Wall），以及從史前時代延續到中世紀在英國高地區域興建的線形土方溝堤（dyke）。這些長條狀的溝渠和土堤有時會跨越鄉間，延伸好幾公里。歐法溝堤（Offa's Dyke）和瓦特溝堤（Wat's Dyk）是中世紀早期的線形土方工事，沿著英格蘭與威爾斯的邊界興建，在地景上創造出強烈的視覺效果，象徵並實際決定了你屬於哪一邊。

類似的情形也可在日後的英屬印度看到，英國人種植了一千英里長的多刺濃密樹籬，縱貫了半個印度，留下的考古遺跡至今在某些地方仍可見到。設計這道樹籬是為了控制鹽的運輸，鹽是當時稅收的一大來源，有了樹籬之隔，旅人就只能經由政府控制的關口進出。這道樹籬對附近居民的移動構成巨大的障礙，他們得要繞上一大圈才能通過，為日常活動帶來不便。[7]更晚近的案例是柏林圍牆，只有查理檢查哨（Checkpoint Charlie）可以通過。

不過，但凡有限制的地方，就會有反抗。移動也可能是一種戰鬥。

要了解這一點，我們得再次仰賴文字紀錄和我們自身的現代生活經驗。自十六世紀起，民眾便以各種暴動、叛亂和抗議行為，表達他們對圈圍畝田和公地的反對。與此同時，我們也看到宣傳小冊的數量爆炸成長，裡面充斥對於圈地的強烈意見。「平等派」（Leveller）一詞最早就是用來形容那些把圈地用的樹籬、溝渠和柵欄整平（levelling）的抗議民眾。一五四九年的凱特（Kett）叛亂有一萬六千個民眾衝進諾里治（Norwich），抗議圈地運動。十七世紀在威爾特郡的塞爾伍德（Selwood）、多塞特的吉林漢姆（Gillingham）、伍斯特郡的費肯漢姆（Feckenham）和其他許多地方，都有暴動登場。一八三〇到一八三三這三年間，單是劍橋郡一地就發生十三起暴動和縱火事件。8

地主將抗議民眾稱為「mob」（暴民），這個詞源自拉丁文的「*mobile vulgus*」，意思是「流動且容易激動的普通人」。接著又衍生出「the mob」（幫派）、「mobster」（流氓）、「mob-handed」（聚眾滋事）和「mob-rule」（暴民統治）。另一個在這起運動中誕生的貶義詞是「trespass」（違法擅自侵入），源自古法文的「*trespasser*」，「穿越」之意。

威廉・華茲沃斯（William Wordsworth）是一位散步成癮的詩人，他觀察到周遭發生的圈地運動：

無論旅人行腳何處，
皆見荒野抹除，
或消失於途。

動盪不僅限發生於鄉間。都市場景也看得到以移動為手段的抵抗。二十世紀前半葉，德國哲學家華特·班雅明（Walter Benjamin）在他對巴黎的反思中，描寫了「漫遊者」（*flâneur*）這類人物。漫遊是在都市場景中閒晃踅盪、觀察熙攘喧囂卻不捲入其中的藝術。稍後，居·德波（Guy Debord）和米歇爾·德·塞托（Michel de Certeau）提出以「飄移」（*dérive*）顛覆消費主義的革命性手段：創造隨機穿越城市的新路徑。還有「異軌」（*détournement*），指的是將營造環境裡的空間劫持過來供另類使用——很像我們這個時代的街滑（skateboarding）或跑酷（parkour，譯註：源於法國八〇年代的一項運動，把整個城市當成一個大訓練場，將圍牆、房子、樓梯、障礙物都變成可以攀爬、穿越的對象）。以這種超然的方式四處移動，被視為一種發掘另類故事甚至受壓迫故事的抵抗。一些激進的詩人和藝術家群體採用這類方式，當成批判戰後都市主義和消費主義的手段。這類行動的潛在動機，是巴黎在一九五〇年代到一九七〇年代進行重建時，內城工人階級被連根拔起，遷移到郊區集合住宅所引發的憤怒感和失落感，而這樣的情緒，反圈地運動的「平等派」想必相當熟悉。

更晚近的心理地理學（psychogeography）也屬於同一傳統，指的是在都市環境中四處飄流，找到新的故事來述說都市，以此當成一種微觀政治行動（micro-political act）。藉由迷路以及讓原本熟悉的事物變陌生，凸顯出日常生活中通常不被關注的部分。心理地理學的探索，以及籠統而言的現代都市漫步作家，運用「飄移」來描繪都市景觀和地形學如何相互加乘，創造出獨一無二的氛圍與精神。鄉愁與失落往往會在其中扮演重要角色，這點可在英國作家威爾・塞爾夫（Will Self）、伊恩・辛克萊（Ian Sinclair）、尼克・帕帕迪米崔歐（Nick Papadimitriou）等人的書寫中窺見一斑。[9]

都市考古學鑽進現代都會圈的混凝土下方盯瞧，或是揭開受汙染棕地的瓦礫——我總覺得，它像是某種心理地理學。我前面提過，職業生涯早年，我就是在那個圈子裡工作。從現代瓦礫中挖掘出更早期的土壤，會給人一種鄉愁感和失落感，感覺就像我們從現代大都會挖出一條地道通往田園牧歌的往日。在這種環境中，從事考古工作像是某種政治行為。並非每個人都樂見我們出現在基地上，他們覺得我們礙事、延誤了前進的步伐。我們其實很少拖慢進度，但確實有點像外人，與地面上的其他工人或基地辦公室裡西裝筆挺的經理都不合拍。待在營造工地時，我老覺得自己活在另一個人的世界裡，但又不知道究竟是誰的世界。我樂於擁抱這種身為局外人的感覺。等到白日結束，我會加入從周圍辦公大樓湧出的人流，任人流將我排放到最近的車站，再擠上倫敦地鐵。我很享受這樣的日常節奏，特別是當我穿著沾滿汙泥的破舊圓領衫和一堆口袋的作戰褲（很適合擺放各種尺寸的鏟子、小刷子和小型密封袋）擠坐在一群套裝上班族中間，接收到異樣眼光時。通常，我會在車上閱讀一些有價值的書籍：比方說達爾文的《物種源始》（*On the Origin of Species*）或尼采的《查拉圖斯特拉如是說》（*Thus Spoke Zarathustra*）。這是我自己的微觀政治行動。

視線拉回印度，律師暨行動主義者聖雄甘地（Mahatma Gandhi）終其一生都將步行當成和平反抗的一種手段。他走遍全國東西南北，宣傳、推廣、教育和倡導。一九三〇年，甘地展開一項史詩級的徒步抗議，率領群眾走到海邊煮水取鹽，此舉公然違犯顯然不公正的英國鹽稅規定。數萬民眾受到他的感召加入長征隊伍，藉由步行抗議政府的控制。

幾年後，一起群眾擅自侵入事件發生在英格蘭皮克區的金德斯考特（Kinder Scout）。這片荒原幾個世代以來都是公地，但在十九世紀國會圈地運動期間私有化，並對外封閉。在發生過許多次小型的擅自侵入行動後，一九三二年，約有四、五百人聚集到金德斯考特，為了進入權而與狩獵管理員和地主發生小衝突。[10]並非所有漫遊團體都認同這種做法，有些更傾向透過國會立法尋求改革，但這起「群眾擅自侵入」（Mass Trespass）行動還是成為一連串後續事件的開端，最後導致英國國家公園的成立和二〇〇〇年「漫遊權」（Right to Roam）的立法，由此改變了人們在鄉野中的移動方式。但圈地運動之前所享受的自由並未恢復，「禁止擅自侵入」的告示牌（這些警告毫無意義，因為至少就目前而言，你不會因為擅自侵入而被起訴）依然極為常見。

甘地的食鹽長征與金德斯考特的群眾擅自侵入雙雙顯示，群眾運動有某種原始的元素存在。當情緒高漲時，全世界的民眾都會走上街頭，有時會以數百萬的規模現身。如果你曾就近目睹，你就會知道，有一種生猛的力量蘊含在集體行走之中。我們之所以用「運動」一詞來形容眾人共同努力推動一項共同目標，絕非巧合。

設置路障也是一種抵抗形式，而故意不移動的效果也能十分驚人。這點在二〇一一年的「占領」（Occupy）運動中運用得大有成效；這項運動是指在金融區、某些街道和重要建築物內紮營，有時一次長達數週，藉此抗議企業腐敗以及社會與經濟的不平等。這類運動的靈感或許來自一九六〇年代民權運動期間，非裔美國人在實施種族隔離、「只限白人」的餐廳前「靜坐」抗議，而那些非裔美國人也是受到其他先賢的啟發，如此這般一路回推，可溯及到文字歷史的所有時期，甚至史前時代。

有權有勢者企圖限制移動或強迫移動；所以，抵抗也會採取移動或不動的方式而為之。這將我們帶回沃倫柏西出土的少數幾件後期陶器和代幣。這是不是未被記錄的違章占地者，在眾人棄村離去後的數十年裡，被廢棄房屋包圍、並堅持在村裡生活的證據？又或是某個拒絕遷移的家庭？畢竟，不行動也可能是一種行動。

第8章 找路：遵循古道

本章我們失去一條史前路徑，但找到另外兩條

沿著山脊路行走，在十九世紀的英國大為風行。山脊路順著山頂延伸，路徑利用了天然形成的堅硬表面。今日，許多國家步道都是沿著這類山脊路行進。

人們經常宣稱這些山脊路源自於史前時代。一八九三年，作家肯尼思．葛拉罕（Kenneth Grahame）宣稱，穿越威爾特郡和牛津郡的那條山脊路，是從「原始的史前小徑」演變而來。從東英格蘭綿延到南英格蘭的伊克尼爾道（Icknield Way），同樣有好幾位作家說那是一條史前路徑：包括希萊爾．貝洛克（Hilaire Belloc，一九〇四年）、希皮斯利．考克斯（Hipisley Cox，一九一四年），以及愛德華．湯瑪斯（Edward Thomas，一九一六年）。一九三三年，英國歷史學家喬治．畢爾多．格倫迪（George Beardoe Grundy）表示，整體而言，山脊路「遠早於有歷史記載之前，且一直延續至今」。

一九八八年，英國記者理查．英格拉姆斯（Richard Ingrams）寫了一本書，名為《脊道：歐洲最古老的道路》（*The Ridgeway: Europe's Oldest Road*）。近期，羅伯特．麥克法倫在《故道》（*The Old Ways*）一書中沿著伊克尼爾道和脊道（the Ridgeway）出發，他希望它們真的是史前古道。

但很遺憾我必須說，幾乎沒有證據可證明那些是史前古道。事實剛好相反。

這類錯誤假設源自於十九世紀相信史前人類主要生活在高地上的想法，他們的聚落、田地和重大建築物還殘留著直立的土方，對當時的觀察者而言清晰可見。反之，在谷地和低地比較少看到史前生活的證據，因此當時人猜測，這些地區八成無法居住，可能的理由包括土地太黏、沼地太多，以及原始森林太過茂密以致無法通行。既然如此，聚落之間的道路沿著山脊延伸，這件事就顯得十分合理。

這樣的猜測確實合理，但卻是錯的。問題在於能見度：考古證據在這些屬於歷史邊緣的高地地區保留得較為完整，也比較容易看到。谷地因為土壤肥沃，數千年來的耕種掘犁，不停將土方挖除，而持續堆積的沉積物又將遺址封存掩埋起來。但隨著大範圍的地景考古學勘查、空拍與地球物理學等遙測技術的發展，再加上大量的考古挖掘——我們可以看到，在整個史前時代，低地都有密集的人口居住。事實上，低地的人口密度遠超過高地，高地也因此開始失去一些重要性。其實，伊克尼爾道這類路徑在史前時代可能從未被當成長途道路使用，因為我們發現一些史前時代的線形長溝堤是古代的田界，它們垂直切斷了那些古道，一點都不擔心會阻礙道路通行。

一些山脊路或許可回溯到中世紀初期，但年代不可能更早。包括肯特的朝聖之路（Pilgrims' Way in Kent）、北丘陵路（North Downs Way）、南丘陵路（South Downs Way）以及侏儸紀路（Jurassic Way）——一條從牛津郡延伸到林肯郡的石灰岩山脊。[1]

在考古紀錄中可以找到史前時代的小徑，但通常很難辨識，包括因長期犁作而形成的平行凹溝或雙脊，名為「lynchet」（犁埂）。這些犁埂穿梭在古老的田野間，從空拍圖中看得最為清楚。

經常使用的路徑比較容易發現，因為它們會侵蝕路面，形成疤痕，特別是在下坡處。當切入的程度較深時，就會變成我們在第一章看到的低塹路，由一代又一代的人類、動物、輪車和雨水的侵蝕作用切鑿而成，有時甚至會變成暫時性的河道。

低塹路經過數百年的使用後，可能深達六公尺。它們是人類行旅經年累月磨蝕出來的證明。是踩踏成塹的。這樣的磨蝕過程讓先前的人認為，低塹路的年代無法確認。

但「蝸牛人」不以為然。考古學家馬丁・貝爾（Martin Bell）大半輩子都在研究古代蝸牛。和我一樣，他也熱愛小徑和步行。我們先前提過的塞汶河口中石器時代的腳印，就是由他負責挖掘。幾年前，馬丁在肯特郡一處考古遺址挖掘時，遇到一次偶發事件，意外讓低塹路的知識有了一大進展。遺址附近的一條低塹路坍塌，露出沿路堆疊的沉積物。他推測，這些沉積物肯定是犁埂的一部分，而那條犁埂曾經與原始的小徑平行。根據這些沉積物應該可以回溯出那條小徑首次形成的時間，而且裡頭很可能會有古代蝸牛的遺體。檢測出這些沉積物的時間，他就可確定那條低塹路的起始年代。

馬丁採集了土壤樣本，篩濾出一切可能的證據。

幸運的是，蝸牛很多，而這些蝸牛訴說出當地環境劇烈變化的故事。那裡最初是林地（適合喜蔭的林地蝸牛），後來變成開闊草地，接著是成蔭的綠樹沿著已經完善的道路生長。有趣的是，後期的沉積物裡包括古羅馬時代尾聲才引進的蝸牛種類，這表示早期的沉積物在此之前就已形成，也就是說史前時代就有了。

其他定年技術也確認了他的推測：鈾系定年（uranium series dating）是利用鈾的放射性衰變計算蝸牛殼的年代，光激發光（optically stimulated luminescence, OSL）定年法是確定土壤中微小的石英粒子最後一次暴露在陽光下的時間。這些方法顯示，約莫在西元前一千年，也就是銅器時代晚期或鐵器時代初期，最早的林地階段遭到清除，才出現了那條小徑。而土壤中的史前陶器殘片進一步確認了這件事。兩側的堆積物在古羅馬和中世紀不斷累積。隨著道路持續使用，路面緩緩下蝕，低塹路兩側的濃密林岸最早在西元前八百年就已存在。

這個故事告訴我們，藉由仔細調查和科學分析，加上樂觀積極的態度，低塹路是可以追溯年代的。肯特郡這條低塹路至少有三千年的歷史，且三千年來一直為人使用。[2]我無法想像世界上有任何其他東西，是在這麼久以前創造的，而且一直以它最初創建的目的使用至今。這很驚人。下次，當你發現自己走在一條低塹路上時，請想想這個故事。

對我而言，這些低塹路給我一種彷彿跌入時間裂隙的感覺。低塹路不是設計出來的，不是修建出來的，也不是某個宏大網絡的一環。它們代表了日常使用的「期望路線」（desire lines），是兩點之間的捷徑小路。

走進一條低塹路，感覺像是消失在它自身的魔法地景裡，特別是那種深到常年蔽日、凹隱於周遭鄉村風景的低塹路。我不只一次在低塹路中尋求慰藉。它們的形狀宛如隧道，尤其是兩側樹木在頭上交合成拱時，我們的注意力只會集中在前方的光亮，創造出無與倫比的視覺隱喻，象徵人生的旅程以及地質深時（deep time）的流逝。

它們還發揮微型自然保護區的功能，冬天為邊坡植物給予庇護，夏日則提供斑駁的涼爽陰影。

但低塹路並非我們已知最古老的小徑。考古學家已經發現保留至今的新石器步道，不管你信不信，它們是用木頭打造的。

這類史前的木棧道在歐洲潮濕的泥炭地（peatland）留下了許多紀錄，包括薩莫塞特沿海平原濕地（Somerset Levels）。數量最多是在愛爾蘭。從新石器時代到鐵器時代，這些木棧道跨越濕軟、泥濘的地景，讓人們可以在原本無法通行的地方移動。正是由於這些地方潮濕多水，所以木頭得以保存下來，讓我們清楚看到當時的建造方法。驚人的是，我們甚至可以藉由檢視木頭上的年輪，確定樹木砍伐的精確年代。

泥炭是由浸水環境中部分凋落的植物纖維層受到擠壓形成的。這些環境非常潮濕，而且不是極酸就是極鹼，也就是說幾乎沒有東西會腐爛，因此，每年當濕地表面的植物死亡時，就會為下方的泥炭新添上一層厚度。如此年復一年，濕地慢慢變高，有時甚至會高出周圍乾地好幾公尺。骨頭在這種環境中會溶解，但其他有機物，例如木頭和布疋，或皮膚和毛髮，則可保留下來，就像放在醃漬罐裡那樣。

有些史前時代的泥炭地木棧道相當簡單：差不多就是把灌木條固定起來而已。有些則比較複雜。最知名也最古早的一條是斯威特棧道（Sweet Track），位於薩莫塞特的格拉斯頓伯里附近，跨越原本無法通行的阿瓦隆沼澤（Avalon Marshes）。一九七〇年開採泥炭時挖掘出這條棧道，便以發現者雷・斯威特（Ray Sweet）命名。樹輪年代學告訴我們，斯威特棧道建於西元前三八〇七年和三八〇六年。建造者將削尖的木樁斜插進濕地，形成V形框架，然後將橡木板鋪在框架中，並用木釘固定，形成一條高架棧道。棧道很窄，只能單排行走。它維持了好幾年，直到逐年增高的泥炭將它吞沒為止。[3]

那麼，這些棧道是如何使用呢？可能被當成日常的在地路徑，跨越永久性或季節性的水澤地；或是由乾地跨越沼地通往停泊獨木舟的開放水渠。不管是哪種方式，它們提供了路徑，方便人們取用濕地區的豐富資源。我們不難想像，在某些木棧道盡頭，可能有狩獵埋伏棚或其他類似設施。這些木棧道也連結聚落。在格拉斯頓伯里和東安格里亞泥沼地（East Anglian Fens）靠近彼得波羅（Peterborough）的馬斯特農場（Must Farm），都發現到保留在泥炭裡的史前房舍；這些驚人的證據證明了，史前時代確實有社群生活在水澤之上，推翻十九世紀與二十世紀初人們認為史前先民害怕沼澤的假設。這些史前房舍和木棧道一樣，保留了考古紀錄中並不常見的諸多細節，包括木製建築本身。

馬斯特農場的房舍位於劍橋郡泥沼地，時間約莫可回溯到西元前一一〇〇年到八〇〇年，至少包括四棟高腳圓屋，建在一條寬闊但水淺流緩的河川之上。房屋由高架棧道彼此串聯，並有一道保護圍籬將所有房舍圈圍起來。圓屋落成之後沒多久，或許只有一年，就遭遇一場災難性大火，火舌燒毀高腳柱樁，整個聚落應聲沉入下方河水。它們就這樣封存於水中，直到二〇一五年和二〇一六年，考古學家才從低於現代地面三公尺處將其挖掘出土。聚落保留得相當完好，除了建築物外，還有屋內的居民用品，包括燒焦的家具殘骸、精細織品、紡紗用的一綑綑植物纖維、織布用的線軸、織布機重錘和附近的紡錘。有木桶、銅製武器和工具，有些帶有木柄。另外，還發現一些私人用品，包括一枚刮鬍刀片以及琥珀和玻璃項鍊的珠子。考古人員甚至發現一只製作精巧的木盒子，小巧細緻，可惜發現時裡面是空的，無法得知曾經放了什麼，但肯定是某種私人寶物，可能在火災發生時匆忙取走了。一落落光滑晶亮的陶罐以及木盤木碗，等著未曾到來的晚餐時間，其中有些還裝了火災發生、家人匆忙逃命時正在烹煮或食用的餐點。餐點是某種燉菜，裡面有小麥、大麥和香草。這並非一個老化廢棄的聚落，而是處於「青春期」的最初階段，是一個繁榮興盛的社區。此地的考古發現為青銅時代晚期的濕地生活提供了一幅生動非凡的畫面。4

並非所有濕地都有人居住，有時某些濕地還蘊藏了濃烈的神祕氣息。濕地既非陸地也非水域，卻同時兼具兩者特色，傳統上一般認為濕地是精怪的棲息地，有時還可看到奇異的鬼火。水精靈和沼地妖怪可能會引誘毫無戒心的旅人。木棧道則引導人們深入其中。

有許多挖掘出土的木棧道似乎在興建後不久旋即廢棄或遭到吞沒。因此有學者認為，某些木棧道是專門為了進入水漫之地舉行儀式活動而興建的。證據何在？考古學家有時會發現一些文物似乎是刻意放置在濕地裡。例如，在斯威特棧道兩旁軟如海綿的泥炭裡，發現一把拋光的翠綠玉斧頭，摸起來像肥皂。這讓人回想起中石器和新石器時代在沉積物中發現的大量石斧頭，或是銅器時代在類似地點發現的囤積武器。那是獻給水神的禮物嗎？對從地景中取用資源的小型社會而言，奉獻一些回饋確實合乎情理，比如這把玉斧頭。

這些交錯如謎的液態地景也保留了酸沼鞣屍（bog body）：在泥炭酸沼中自然木乃伊化的人類遺體。皮膚毛髮、衣物鞋子以纖毫不差的驚人細節保存下來，並在泥炭中慢慢變黑。許多後期的酸沼鞣屍是意外事故的明證；那些人在迷路或失足落水後再也回不了家。雖然罕見，但確實有些鞣屍被發現時還拄著手杖，或緊抓著泥炭，絕望地想要爬出酸沼。在愛爾蘭的貝利古登（Ballygudden），一名可憐孩童的脖子上繞著一條腰帶，有人認為是驚慌失措的母親想要套住孩子，把他拉上岸。營救失敗——孩子死了，母親也死了，她的屍體同樣在酸沼中被發現，就在孩子旁邊。這類環境變化莫測、危機四伏。有些屍體顯然是自殺，或為暴力受害者，有些屍體的年代相當晚近。

但有些酸沼鞣屍相當古老，超過兩千年之久，約莫在鐵器時代和古羅馬時代初期遭到殺害，可能是牲禮的一部分：那是一種祭品，也許就跟那把下沉的斧頭一樣，但更貴重；在他們最艱苦的時代，這是最終極的禮物。這些被獻祭者未必是社會邊緣人，恰恰相反，有些很可能身處領導階級。這些人在悲慘（或光榮）赴死之前，往往經過悉心打理，多半也心知肚明、配合整件事的進行。他們通常一絲不掛，連毛髮都經過修剪或整個剃掉，指甲也清理乾淨，然後被送進酸沼，就此永眠。

我們可從三十歲的「圖倫男子」（Tollund Man）身上看見這一點，那是一具保存得近乎完美的丹麥酸沼鞣屍。一九五〇年，一戶從事泥炭切割的家庭在距離圖倫村不遠處發現他。他向右側躺，頭轉向一邊，皮膚黑染如皮革，緊繃纖薄。他雙眼微閉，雙唇輕闔，宛如睡著，但只是剛剛入睡；也就是說，似乎只要你稍稍提高音量，他就會睜開雙眼。在西元前四〇五年到西元前三八〇年之間的某一日，有人幫他剪了頭髮，然後沉入酸沼。除了腰間的皮帶和頭上一頂製作精美的羊皮軟帽，全身上下赤裸無物；帽子內裡的柔軟羊毛增添了溫暖與舒適，帽帶繞過下巴在側邊打了個結。他的最後一餐是粥，用大麥、燕麥、野生種子和魚熬煮而成，很可能就是用酸沼水煮的（學者對他胃裡的食物做了詳細分析，由此得知）。隨後，一條編織皮繩將他吊起，直到嚥氣，接著放入酸沼，皮繩仍繫在脖子上。[5]

兩年後，也就是一九五二年，泥炭挖掘工發現另一具丹麥酸沼鞣屍，同樣是三十歲上下，這次的發現地點是格勞巴勒村（Grauballe）。「格勞巴勒男子」（Grauballe Man）生存的年代約莫介於西元前四〇〇年到西元前二〇〇年，光滑的雙手說明他生前過著輕鬆舒適的生活，幾乎沒做過什麼苦工。同樣的，在他死前衣服全被脫了，頭髮、鬍鬚修得整整齊齊。他也吃了一餐粥食，是用穀物、野生種子和豬肉烹煮而成。隨後，他被割了喉嚨，手法俐落，從一隻耳下割到另一隻耳下，接著放入酸沼之中，在那裡待了兩千年。

在英國，林多男子（Lindow Man，或俗稱的彼特．馬什〔Pete Marsh，譯註：與泥炭沼澤的英文Peat Marsh諧音〕，為無名者命名是多符合人性的行為啊！）是另一種以人獻祭的可能案例。他是一九八四年由一具泥炭挖掘機在柴郡（Cheshire）的林多苔沼（Lindow Moss）發現的，那裡先前就曾出土過一些酸沼鞣屍或鞣屍塊。他被殺害後又埋入酸沼，時間比我們剛剛提過的丹麥酸沼鞣屍晚了幾百年，約莫介於西元一世紀到二世紀間。他的牙齒狀況極佳，指甲修剪整齊；看起來過著特權人生。死亡那天，除了一條狐狸皮臂章外，全身赤裸；也許那是某種護身符。他的最後一餐是大麥，可能是做成烤餅，還有一些肉。他的死法極為嚴酷凶殘。先是背部遭受重捶，迫使他跪下，接著後腦兩次被擊中，第一擊來自一柄鈍斧，第二擊來自一根棍棒。此時他仍活著，但或許已陷入昏迷，接著他被一條動物筋腱勒頸，再來是割喉與穿膛。最終，他的脖子斷了。他是被好幾種手段殺死的，他的死亡是一種儀式性的展演。從那條木棧道的狹窄程度可以看出，要抬著他走進酸沼似乎相當困難。難道他是自己走上那條黃泉路？

第3篇

尾隨

第9章 足隨蹄：與動物同行

本章談論狗與馬的特殊重要性

不久前我聽說一個故事，內容大致如下：威爾斯趕牲人將牲畜從威爾斯趕到倫敦市集需要花上好幾個禮拜，他們會帶著狗一起上路，協助驅趕與控制牲畜。

每次，他們都會沿著同樣的路線行走，在同樣的路邊客棧留宿。每天晚上，趕牲人都會將動物安置在附近的牧草地，第二天早上，他們再支付客棧老闆略多一點的費用，每次都會。

終於，他們抵達市集、賣掉牲畜，然後留在倫敦，有時幫人秋收賺點額外收入，或是在城中酒館用剛賺來的錢享受

一下。也可能兩者都有。當趕牲人不再需要忠心耿耿的獵犬時，就會將牠們放生。年復一年，走過同樣旅程的老狗為年輕狗兒指引明路。循著原路往回走，狗兒就會回到先前住過的客棧。客棧老闆會給牠們食物、飲水和遮風避雨的地方。狗兒就這樣自己找到了回家的路。*

這是一則美妙故事，我一直記在心中，類似的故事還有許多，在全國各地講述、流傳，捕捉並歌頌人與動物之間結伴同行，或各自上路的複雜關係。[1]

或許太過顯而易見，但我還是得說：狗兒為我們做了許多我們不想做的事，或我們做不到的事。

狗會牧羊、趕牛，還能咬回被擊落的水鳥而不把牠們撕成碎片。狗兒守護著我們的家園，保護人類牲畜不受掠食者侵害。狗引導盲人、協助聽障人士。狗利用嗅覺追蹤獵物，找尋失蹤之人。狗與軍警合作，靠鼻子找出毒品、槍枝、爆裂物和逃亡的罪犯。狗可以當馱獸使用，可以在雪地裡拉雪橇。北美洲的坡尼族（Pawnee people）利用狗運送物資，例如帳篷柱或柴火，有的是將物資放在名為「travois」的A字形木框中讓狗拖

* 這故事是我已故的岳父克里斯．賽耶（Chris Sayer）告訴我的。他很善於說故事，我很懷念他。

拉，有的則是放在名為「狗袋」的鞍袋裡。2

自有故事以來，一直有狗的故事。

在希臘神話裡，喜瑞爾斯（Sirius，譯註：英俊獵人俄里翁〔Orion〕的忠犬。俄里翁死後化為獵戶座，喜瑞爾斯成為天狼星）被派到天界充當信使，後來變成狗星（Dog Star，天狼星的別名）——夜空中最亮的那顆星。在十三世紀的威爾斯傳說裡，盧埃林大親王（Llywelyn the Great）出門時將獵犬蓋勒特（Gelert）留下來照顧還在襁褓中的兒子。盧埃林打獵回來後，發現兒子的搖籃傾覆，蓋勒特的嘴套上沾滿鮮血。悲傷憤怒的盧埃林一劍刺向蓋勒特的心臟，但轉眼就看到他的兒子還活著，毫髮無傷躺在一頭死狼的屍體旁邊，那是主人不在時蓋勒特英勇咬死的。蘇格蘭有「忠犬巴比」（Greyfriars Bobby）的故事，小㹴犬巴比的主人是個守夜人，巴比會陪著主人一起執勤。巴比忠心耿耿，從未離開主人身邊。主人死後，牠還在墓旁守了十四年，直到自己嚥下最後一口氣為止。

諸如此類的故事所在多有，舉世皆然。那麼，最早可回溯到何時？

狗是最早被人類馴化的動物，並成為狩獵採集生活裡的日常要角。有一處考古遺址尤其彰顯了這點。

瑞典西南端有座小村子，位於雪白得驚人的沙灘上。小村子名叫史凱特霍姆

（Skateholm）。沙灘內陸緊挨著史凱特霍姆北端，有一片濕地，史前時代曾經是一座大潟湖的一部分。已故的考古學巨擘拉斯・拉爾森（Lars Larsson）意識到該區可能蘊藏豐富的中石器時代資源，於是在一九八〇年代率領一支考古隊，開始挖掘這塊曾經是小島的濕地。他們的成果十分豐碩。出土了一系列七千年前的中石器狩獵採集聚落，並發現兩座墓地和埋骨其下的居民。

中石器時代的墓葬極為罕見。考古學家在史凱特霍姆記錄了將近一百座墓葬。經過仔細挖掘可清楚看出，當時曾舉行過複雜的墓葬儀式。包括以細膩手法安放的陪葬品，例如石刀、鹿角、斧頭，以及點綴在腰帶上的動物牙齒等裝飾物。屍體旁邊放了挑選過的動物器官和部位，推測是供死者在通往來世的旅程中食用。觀禮者顯然也吃了食物，因為他們吃剩的東西也被混在墓穴的回填土裡。死者的部分身體塗抹了紅赭色粉末，是用富含鐵礦的石頭研磨而成。其中的象徵意義只能憑藉揣測，可能是用來代表血液。

而其中特別吸引人的一點，是在人類墓葬群中發現十幾座狗的墳墓，有些狗墓裡也有陪葬品。其中一座狗墓裡陪葬了一把裝飾過的鹿角工具和三把燧石刀葉。有五隻狗也撒上紅赭色粉末，與人類的墓葬儀式相同。[3]顯然，在人類馴化狗兒的最初階段，狗就被視為人類的夥伴——甚至被當成家人，無論生前或死後皆然。

我覺得這不難理解。我養狗養了一輩子——現在這隻叫巴德（Bard），是貝德靈頓惠比特犬（Bedlington Whippet），巴德非常邋遢，有個路人忍不住用「髒髒狗」（raggedy-arsed）形容牠，真是貼切。這隻髒髒狗跟我養過的其他狗一樣，總是會找到方法鑽進全家人心裡。還是幼犬時，牠玩耍、撲跳、咀嚼、舔舐，然後睜著一雙懇求討好的棕色大眼望著我們，擄獲我們的心。長大後，牠變得溫暖、聰明，到現在還會蜷在沙發上，好啦，我承認，也會窩在床上。牠成了我們家的一員，是我們的一分子。

我們無法確認，埋葬在史凱特霍姆的狗邋不邋遢，儘管我們必須謹慎，不要把現代觀點套用在過去，但我們可以假設，當時的人狗之間也有類似的連結感。養狗的方式跟養孩子很像：必須一路引導勸誡，讓牠們健康正確地長大。狗永遠不會變成真正的人，但牠們能理解人類溝通的某些面向，也就是動物學家法蘭斯・德瓦爾（Frans de Waal）所謂的犬認知（dognition）。[4]

史凱特霍姆的考古證據以及本章開頭的那則故事，濃縮了人狗（以及人與其他動物）之間長達一萬五千年的複雜關係，以及彼此的偕伴同行。牠們提供的無條件陪伴，有助於我們的身心健康，特別是促使我們走出戶外運動與沉思。中石器時代的狗主人也會用繩子遛狗嗎？中石器時代的狗也會邊走邊探、邊走邊聞，迫使主人放慢腳步嗎？牠們就跟今日的狗一樣，會在路上衝來衝去檢查東西、蒐集資訊、觀察其他動物的蹤跡、嗅聞氣味標記，然後在雀屏中選的樹木或史前時代版的電線桿前停下，留下自己的味道作為回應。[5]

對人與狗而言，這種偕伴同行的經驗在過去千萬年來幾乎沒什麼改變。

追蹤獵物是另一種人類與動物相互牽連的移動。先前幾章我們在泥濘湖邊與河口看到的史前腳印，就經常包含了這類證據。例如，前面提過的福姆比腳印顯示，人類的足跡與大型紅鹿的印跡平行；人類的步速較慢，偶爾會停下，然後再繼續走，也許是在跟蹤。成功的跟蹤和尾隨必須深諳各種動物的聲響與氣味，要有辨識腳印或部分腳印的能力，還要能看出其他記號，例如位置移動過的樹葉或樹枝。有時，一粒不在原位的小石子，就可能指出動物的移動方向。

動物和人類一樣，也會形成路徑網，追蹤者必須知曉這些網絡並在腦中解析，才能追蹤到正確路徑。在高草叢裡，可從草葉彎折的方向察覺出獨特的路徑。在茂密的灌木林中，樹枝可能被拉扯到特定方向，葉片可能往上翻或出現刮傷，略為改變了顏色。樹籬或灌木叢的小間隙可能變成動物的小通道，稱為「smeuse」。結了露水或下過雨的清晨，水珠應該整整齊齊，可以觀察是否有任何擾動過的痕跡。蜘蛛網也會因為動物穿越而受到破壞。

追蹤者還要區分哪些痕跡是幾小時前留下的，哪些是幾天前造成的。追蹤者可根據獸跡留下的時間判斷能否追上。糞便是新鮮黏糊或乾燥已久？灌木叢上有唾液嗎？如果在水邊，能看到濺起的水痕嗎？

追蹤者要了解動物的行為才能預判牠的行動。如果追蹤者知道動物一般正常的棲地，就可以忽略蹤跡、直搗黃龍，比如牠們的飲水處或覓食地。

這類知識是靠一輩子不斷學習累積而成，要留意並仔細觀察動物和牠們製造的痕跡。現代的狩獵社會，例如非洲喀拉哈里沙漠（Kalahari）的獵人，從小就會透過遊戲、講故事和追蹤小動物來學習這類知識，在過程中仔細重建動物的習性和移動，另外也會觀察大人怎麼做，認真聆聽他們的對話。成年獵人會討論不同動物的習性和移動方式，滔滔不絕講上好幾個小時。

追蹤者本身必須以特殊的移動方式來跟蹤動物。要一邊掃描前方地面一邊快步移動，同時也留意腳下，不能踩壞痕跡。還要拿捏好距離，要離得夠遠以免打草驚蛇，又要靠得夠近以便及時趕上。

追蹤者愈靠近動物，就會移動得愈慢、愈隱密、愈謹慎。喀拉哈里獵人會利用手勢彼此示意，傳遞移動的方向和速度，如果動物就在附近，獵人會快速擺動手指。他們會利用灌木作掩護，雙手雙膝跪地緊貼。如果是在長草叢中，人就會趴在地上，以手肘前進。

追蹤者會站在動物的角度，像動物一樣思考，像動物一樣感覺。如果說，馴化後的狗漸漸（即便只有些微）「變得」像人，那麼，獵人也必須漸漸變得像他們追蹤的動物。[6] 獵人的移動和對世界的感知除了取決於自身的腳步，也由獵物的四肢所決定。

牧民亦然，他們花了許多時間與動物同行。牧羊人為了對羊隻的心情和動機有所警覺，所以要透過羊的眼睛看世界、理解羊群吃草的節奏。

人類學家佩妮兒・古奇（Pernille Gooch）曾描述她在瑞典牧羊的經驗，並以此和放牛做對比。根據她的說法，成功的牧羊人必須掌握主控權——也就是說，要變成領頭羊，用領頭羊的角度去感知世界。如此一來，當羊群陷入不安時，很容易就能把牠們引導到新的地方。牧羊人必須帶頭引領。放牛則剛好相反，要尾隨於後：水牛知道怎麼從夏季牧場沿著一年一度的遷徙路徑走回冬季牧場，而且只會用自己的速度前進。所以成功的放牛人只能尾隨。古奇說，牧羊是「足領蹄」，放牛則是「足隨蹄」。7

跟不同種類的動物一起行走需要各自獨特的移動風格，對地景的感受自然有所差別，也會留下截然迥異的痕跡。

自有史以來，甚至早在無史之前，英國鄉村便擠滿了牲畜和牧人，仰賴縱橫交錯的趕牲小道與小徑。最晚在十七世紀時，趕牲人就已趕著牲畜長途跋涉，把牛隻從威爾斯或蘇格蘭高地一路趕到英格蘭牧場育肥，然後就近在英格蘭南部和東部的市集上賣掉。

綿羊從威爾特郡丘陵穿越脊道和伊克尼爾道一路驅趕至諾福克的塞福（Thetford）市集。成群火雞會從諾福克驅趕到倫敦的斯密司非（Smithfield）。特別難搞的豬隻，則是從威爾斯、德文（Devon）和康瓦耳（Cornwall）驅趕到布里斯托（Bristol），有時還會遠至倫敦。我真的無法想像趕豬會是什麼景象，光是一小段路就夠嚇人了，何況是長途旅程，肯定十分緊張。

英國各地都可看到趕鵝的隊伍，通常在秋收之後，正好可啄食遺留在沿途殘梗間的穀物。最大的趕鵝隊伍從林肯郡和泥沼區前往諾丁漢的米迦勒節鵝市（Michaelmas Goose

Fair），「殘梗鵝」（Stubble Goose）是米迦勒節的傳統菜餚。

這些動物會在長途旅程中穿上鞋子：牛穿金屬鞋，豬穿羊毛靴，靴底是皮革（且經常戴上嘴套）。火雞也是套上小皮靴。給鵝穿鞋難度顯然較高，替代方案就是讓牠們從混了鋸屑和砂礫的焦油盤中走過，在腳底形成保護墊。[8]

小島上的牛需要送到本島內地，如果有船，就用船運。如果沒船，就要讓牛自己游過去。北威爾斯安格雷斯島（Anglesey）上的牛，就是要自己游過美奈海峽（Menai Strait），直到後來才有湯馬斯・特爾福德（Thomas Telford）設計的美奈橋，這座橋將安格雷斯島與威爾斯連了起來。在其他地方，牛群必須趁著退潮時快速穿越沙灘。[9]

這並非什麼浪漫的工作，而是由漫長、疲憊、飢腸轆轆的日子所組成，在困難條件與惡劣天候下跟一群不合作的動物一起移動。為了讓這些旅程順利一些，在整個中世紀到後中世紀時期，陸續出現一些寬度足以容納動物的驅趕路徑，名為趕牲道（droveway）、牧道（driftway）或綠道（green road）。在地景上的某些狹窄之處，這些趕牲道會由好幾條平行的路徑組成，避免壅塞和大排長龍，因為趕牲人會在每年的同一時段使用這些道路。今日在許多地方還可看到它們的考古遺跡。沒有道路和小徑的地方，則會用歐洲赤松標出行走路線，在英格蘭南部的白堊地區，則是用紫杉樹標記。[10]

這類驅趕牲口的長距離移動，需要水源、草料、牲口可以釘打蹄鐵的地方，以及趕牲人的下榻處。過夜一般是在客棧，通常附設良好牧場，名稱會有「趕牲人標誌」（The Drover's Arms）的字樣，有些至今仍可看到。回程時，由於牲口已經脫手，加上荷包滿滿，客棧老闆往往會安排一些歡慶活動，例如摔角和拳擊比賽，有點類似聖日為朝聖者舉辦的市集。

牲口的草料由沿途出租田地供趕牲人過夜的農夫或鄉村綠地供應。飲水是關鍵需求，牛群尤其需要比較大的水源，例如流動的溪水。來來往往的趕牲隊伍讓鐵匠生意興隆，他們忙著修復路上磨損的牛蹄馬蹄。趕牲人就跟之前提過的朝聖者一樣，因他們的移動而養活了一整個社群。[11]趕牲道不僅連結了地方，也打造了地方，並維繫了地方。

這也表示，每次趕牲人以及他們的狗與牲口穿過小村或湧入市集城鎮，必然會造成混亂。趕牲人顯然過著高度流動性的生活，而且從十六世紀開始，政府會核發許可證，讓他們有別於行乞之輩。十七世紀起，這些人必須隨身攜帶良民證，而良民證的取得資格必須年過三十，得是一家之主和已婚男子才行。[12]

趕牲人由於流動性高，常被認為放蕩不羈、不修邊幅，不過和農場勞工相較，他們的收入更為可觀且深受信任。這並不在意料之外，因為他們經常從市集裡帶回鉅款，而且得應付路上的土匪和小偷。法庭紀錄顯示，趕牲人偶爾會在路上被搶，或是在城裡被騙，尤其是被妓女騙。迷路也是揮之不去的威脅。由於深受信任且對道路了如指掌，趕牲人經常受到請求，要幫忙攜帶重要的文件書信進城。（一七四五年，詹姆士黨〔Jacobite〕起義後，趕牲人是唯一得到允許可攜帶武器的平民。[13]）他們還會把外界的新聞消息、事件故事和風潮變化帶回來，有點像是郵差記者的原型。

馬和狗一樣，都是天生的社交動物，另也和狗一樣，會跟人類培養起密切的夥伴關係。正因如此，馬有時也稱為「大狗」。對某些群體而言，馬的引進似乎導致狗的重要性下滑，我們先前提過的坡尼族就是一例。[14]

一萬七千年前，野馬出現在後來變成英倫三島的那塊陸地上，並存活到約莫一萬年前。野馬被獵、被吃，但不曾被騎。接下來的數千年裡，由於上一個冰河時期結束，全球氣溫持續暖化，環境條件的改變導致野馬在當地滅絕。我曾聽聞有人指出，英格蘭南部新森林區（New Forest）的小馬是冰河時期的倖存者，是上述野馬的直系後裔，但此說法並不正確。沒有可靠的證據顯示，不列顛地區的野馬曾倖存到中石器時代後期或新石器時代的任一時期。

馬匹最早被馴化的紀錄發生在五千五百年前的哈薩克（Kazakhstan），人們圈養母馬供應肉奶需求，偶爾也會騎乘。不過，現代馬匹的祖先是來自歐亞大草原西部的牧民，地點相當於今日的俄羅斯南部，當地牧民約莫在四千兩百年前馴化了野馬，將其當成坐騎。[15]在後面的篇幅中，我們會更常提及這些草原牧民；他們是我們故事裡的一大要角。

我們永遠不會知道，是哪個大膽之徒第一次跳上野馬馬背，但可以預期的是，那人的腎上腺素肯定跟低空跳傘運動員一樣有力，樂意承受瘀青挫傷。接下來幾個世紀，這些俄羅斯騎士和駿馬的後裔橫掃歐亞大陸，改變了所到之處的文化。銅器時代晚期，有些馬匹來到不列顛，鐵器時代的數量更多。今日所有的英國本土馬，都是從這些馬匹和後來引進的品種培育出來的。真是令人驚嘆！

這種嶄新的移動方式拓展了人類先前的移動範圍，開啟了新的貿易機會，讓一切隨之改變。人流、物流和知識流都增加了，牧民更有能力將其他牲口帶到更遠的新牧場。騎在馬背上讓牧民享有居高臨下的優勢，更能有效控制數量龐大的牲口。

打從一開始馬就因其本身的特質而備受欽慕：強壯、快速、勇敢、忠誠，而且繁殖力旺盛。馬變成財富與威望的活動性象徵。擁有馬匹以及騎乘馬匹的知識，打造出一個菁英階層，讓馬主人的地位名副其實高人一等。如此一來，馬的出現不僅改變了移動方式，還造就（或加劇）社會的不平等、鞏固了掌權者的地位。

騎馬之人經常提到人馬一體的感覺，他們風馳電掣，緊密相連。這種親密關係可以從英國鐵器時代窺見一斑，在當時的墓穴裡，可同時發現人類與馬匹的骸骨，稍後我們會再提到這點。馬匹也是當時的重要圖像：鐫了馬頭圖案的錢幣，以及馬匹造型的胸針。

優芬頓白馬（Uffington White Horse）是一幅巨大的白堊雕刻圖案，位於英格蘭南部柏克郡丘陵（Berkshire Downs）的山坡上，時間可回溯到青銅時代晚期和鐵器時代初期。這是英國版的祕魯納斯卡線（Peruvian Nazca Line），圖案是一匹巨型躍馬的輪廓，長一百一十公尺。我們無法得知它最初的象徵意義，但曾在前文中為我們分析威爾特郡巨木陣和聖所的考古學家波拉德認為，那是代表太陽馬。在許多印歐民族的神話中，這個圖像是代表太陽神在白天駕乘馬匹或馬拉的二輪戰車越過天空，晚上則搭乘船隻或二輪戰車穿越冥府。優芬頓白馬下方是龍丘（Dragon Hill），與錫爾伯里丘類似，是一座凸出於地面的巨大土墩。有人認為，龍丘代表在馬匹後方駕乘馬車的太陽神。人們經常猜想，龍丘和錫爾伯里一樣，都是人造土墩。我曾在一個非常有趣的小型計畫裡鑽探過龍丘、查探它的構造（當然，我有取得所有需要的相關許可）。遺憾的是，該計畫證明，它是一座全天然的土墩，由堅硬的白堊構成。但我認為，將它視為太陽神的說法，確實有幾分道理。[16]

類似的圖像也出現在史前時代後期的歐洲岩畫藝術，以及一些奇妙的金工小雕像，例如從丹麥特倫霍姆沼澤（Trundholm Mose）出土的馬拉太陽神戰車。這件優雅的青銅文物年代介於西元前一四〇〇年到一三〇〇年，目前蒐藏在哥本哈根的丹麥國家博物館（National Museum of Denmark），是一九〇二年西蘭島（Zealand）西北部一名農夫打算重新開墾酸沼時挖掘出來的。起初他以為是玩具，便拿給女兒玩，最後終於有人猜測出它的重要性，於是國家博物館就來敲門了。該件作品是青銅模型所鑄造的一匹馬拉著一塊直徑二十五公分的直立圓盤。圓盤的其中一面覆有薄薄一層金箔，閃耀如太陽，裝飾性十足，另一面則黯淡無光。圓盤安置在車軸上，車軸連接左右兩個輻條輪，馬匹也是站在車軸上，那兩條車軸又連接了另外四個輻條輪。這件總長五十四公分的文物整個散發著移動氣息。從東往西拉，我們擁有陽光熾煌的白日；把它轉個身，就成了馬匹拉著月亮朝另一個方向移動。日與月；晝與夜。顯而易見，馬匹的核心角色就是確保日月晝夜運行不輟。

自古以來，人們一直認為馬具有超自然能力，也成為各種宇宙學的一部分。半人半馬是個常見主題，例如希臘神話裡的半人馬怪。而希臘人是靠著一尊木馬進入特洛伊上演屠城記，恐怕也非巧合。

我們與動物的關係大體是親密、感性的，而且多半予以尊重。因為在過往的大部分時間裡，我們都跟動物近距離生活在一起，也了解了牠們各自的習性、怪癖和血統。動物為我們的社交和象徵世界提供了結構。我們與動物分享喜悅、悲傷和興奮。我們和動物密不可分，而這樣的關係長久以來一直影響著人類的移動，包括我們行走的速度、我們採取的路線，以及我們留下的軌跡。[17]有些動物會讓人類與牠們步調一致，有些則需要我們繞道而行——成群遍野的公牛，或古時候的狼、熊，以及肩高六英尺的原牛。

第10章 季節移牧：穿越高地

本章說明馴養動物並不表示採定居生活

趕牲路是牲口有去無回的一條死路，但歷史上有些人與動物同行的旅程卻和趕牲路不同，是有去有回的雙向活路。例子之一，就是逐水草的季節性移動。

這就是所謂的「transhumance」（季節移牧）——一個全方位體現移動的語詞。「transhumance」源自拉丁文的「*trans*」，「跨越」之意；以及拉丁文的「*humus*」，「土地」之意，形容根據季節循環將農場動物從冬季放牧地遷徙到夏季放牧地的做法。通常是從過冬的肥沃谷地跋涉到位於荒原、石南地、丘陵和高山上的夏季牧場。

從濱海鹽沼遷徙到內陸草地是另一種形式的季節移牧。這種移牧主要發生在威爾斯東南部、英格蘭東部的泥沼區，以及英格蘭西部的薩莫塞特沿海平原濕地。位於平原濕地邊緣的薩莫頓（Somerton），字面意義就是「只在夏季使用之地」；今日的薩莫塞特郡即源自這個地名。[1]

季節移牧讓遠方的牧場也能善盡其用，同時讓離家較近的牧場有時間休養生息，人們也能將剛施過肥的牧地清理出來，種植作物和乾草。

季節移牧令我著迷。並非因為我用浪漫的懷舊眼光回顧過往（或許也真的有），而是如同我先前提過的，日常事物總是特別吸引我。在別人眼中，這些事物或許無關緊要，但它們曾經在許多人的生活裡扮演過重要角色。對我而言，這些事物比酋長、王室或偉大領袖的行徑更有趣，也更切身。給我小徑勝過給我金字塔。給我一條深深凹陷的優美低塹路，勝過給我舉世無雙的精緻建築。

季節移牧這種方式已經在世界各地進行了好幾千年，在今天某些地方還是見得到，例如阿爾卑斯山或斯堪地那維亞半島。直到晚近，季節移牧在英倫三島的某些地區依然盛行，在愛爾蘭西部地區一直延續到二十世紀，在蘇格蘭的路易斯島（Isle of Lewis）甚至通行到第二次世界大戰之後。牧民和他們的牲畜一起移動，通常是五月啟程，十一月返回；傳統習慣是從五朔節（Beltane）到萬聖節（Samhain），儘管各地在這方面存在不小的差異。比方在英國，牛群的夏季移牧高峰是八月。

此外，移動的距離也不相同，未必需要長途跋涉：從山谷到牧場，常見的距離介於二到十二公里。地中海地區由於氣候多樣，移動的距離多半較長。西班牙中世紀的美斯塔牧羊人全國同業公會（Mesta）就是其中之一：成千上萬的美利奴（Merino）綿羊和羊群的牧羊人會在西班牙南北遷徙。[2]

這種長距離移牧偶爾也發生在英倫三島，中世紀的英格蘭可看到不同莊園的綿羊長距離遷徙。牧人會帶著豬群跋涉三十公里，前往肯特郡和索塞克斯（Sussex）威爾德地區（Weald）的森林牧場，在短暫的秋季食用林中的橡實和山毛櫸果實。[3]

牲口會面臨野狼、竊賊和其他威脅，加上乳牛、母羊需要飼養和定期擠奶，因此在在表示，必須有人陪著牲口住在牧場上。通常是年輕的婦人和女孩，有時也會有男孩，他們和牲口一起移動，共同住在夏季牧場，一天幫牠們擠兩次奶，再將鮮奶攪拌成奶油。

這些人顯然需要某種住宿，英國各地一度遍布各式各樣的牧人之家。在英格蘭北部和蘇格蘭，這類牧人之家稱為「shieling」，低地區的冬季居住地則稱為「winterstead」。威爾斯的夏季牧場小屋是「*hafod*」，冬季基地是「*hendref*」，康瓦耳則分別稱為「*havos*」和「*hendre*」。愛爾蘭的牧民住在名為「booley」的小屋裡，這個字源於愛爾蘭語的「*buaile*」，意思是「夏季牧場擠牛奶的地方」，而這種季節移牧的習俗就稱為

「booleying」。[4]類似的情況也可見於瑞典、冰島和其他地方。

十八、十九世紀前往蘇格蘭的旅人留意到，飼養乳牛的牧民居住在蜂窩狀的小屋裡，牆壁是用帶土草皮和粗石塊興建。這類「shieling」有些還矗立在蘇格蘭高地和外島上。在康瓦耳的波德民荒原（Bodmin Moor），牧民似乎也是使用類似的疊澀頂蜂窩狀石屋，但保存的狀況較差。今日在達特木（Dartmoor）還可看到的一些隆丘大概就是這類建築的土方遺跡，只可惜相關紀錄甚少，挖掘就更不用說了。在愛爾蘭挖掘出土的「booley」小屋也有類似構造，不過會因地制宜：有些是長方形，有些是橢圓形，有些則是徹底的不規則狀；有石頭蓋的，或草皮造的，或兩者的結合；有些甚至在牆面建築中結合大圓石或天然露頭。這些小屋有點類似史前圓屋，足以容納一張床、一座壁爐和一些儲藏空間。[5]

低地區也有類似的住宿地：例如肯特郡羅姆尼濕地（Romney Marsh）「看守人」（looker）的木屋，或威爾德地區放養豬隻與牛隻的「denns」。

對年輕人而言，遠離家鄉在偏遠地區生活，肯定像是進入另一個世界；那裡用的是另一套規則，而你會脫離正常生活的規律節奏和例行作息。

當然，家庭的力量從未遠離，還是會保持每隔幾天的固定聯繫。儘管如此，一旦脫離父母的掌控，年輕人就可以做他們一直想做的事。至少可以幻想一下。這點可以從十九世紀中葉愛爾蘭多尼哥郡（County Donegal）的移牧資料中窺見一斑：當年輕女子住在「booley」時，「偶爾會有年輕男子從老遠的聚落前來，他們唱歌跳舞、玩鬧嬉戲、共度美好夜晚。」[6] 這或許就是電影《真善美》女主角茱莉・安德魯絲（Julie Andrews）歌頌山丘因樂音而鮮活時，背後所蘊含的意思。

這種移牧形式顯然讓年輕女子和青少女有機會和男孩共享快樂時光，在夜晚一起唱歌、跳舞、玩遊戲。浪漫的邂逅肯定也少不了，這點可以從當時的民謠和十三、十四世紀的冰島傳奇中看出端倪。

這些陽光普照的高地為青少年帶來某種程度的自由，而且必然是他們成年禮的一環。對我而言，失去這樣的經歷似乎讓生命變貧乏，原因無疑是廣泛圈地造成的。我們不應低估季節移牧對社交生活的重要性，它會鞏固人際連結，建立可維繫終生的紐帶。[7]

這些高地是一種臨界過渡的閾限空間（liminal space），脫離了日常生活。一如我們先前看過的酸沼，那種臨界感很容易與超自然事件聯想在一起。許多民間故事都跟「shieling」和「booley」這些移牧小屋有關。在蘇格蘭的赫布里底群島（Hebrides），人們經常圍著火光講述或吟唱《一夜小屋》（*Shieling of the One Night*）的故事。故事內容會隨著不同的講述者而有所變化，但大體上不脫某個野獸、精靈、水妖或醜陋老巫婆如何欺騙和謀殺移牧小屋裡的住戶。

類似的故事也流傳在愛爾蘭的「booley」所在地——講述女巫如何變成野兔去偷牛奶，或是詛咒住在「booley」小屋裡的人，以及陌生的危險男子如何引誘年輕女子，把她們抓去當自己的新娘。[8]

很明顯，這些故事有許多是對年輕人提出道德或實務方面的警告：要保護自己，別讓陌生人進入你的小屋。這些故事的張力表現在自由與控制之間；年輕人需要帶著動物遠行且獨立生活，父母則出於天性想要保護和照管子女。這兩股力量在故事中拉扯。

不同地區的季節移牧各有差異，未必都會牽扯到年輕人。在某些地方，例如達特木，當地便於中世紀發展出一種專業牧民。這些人受雇代替不同地主在夏季牧場上照管大量牲口。工作內容主要是防止動物越界走失，但也要負責照養。[9]

在這些遙遠地區放牧牲口，無論男女老幼，都沒有田園牧歌般的生活可以享受。他們得在這些偏遠地區維持秩序，因為噪音騷亂都會驚動正在吃草的牲口。偷牛賊是如影隨形的威脅，狼也是。要有一定程度的毅力和耐力，才能勝任這項職務。

在畜牧社會的社交生活裡，趕牲和季節移牧這種非經常性的移動形式扮演了重要角色。它們會開啟不同的眼界，讓人們以獨特的方式觀看地景、理解地景。來自社會各階層的人齊聚一堂，既交易實物，也交換遠地的資訊和新聞。帶著牲口移動時，可以更廣泛接觸到與地位財富相關的想法，也更容易查探羊隻牛群的品質，也就是地位財富的視覺展示。它們自成一格的移動節奏，為參與者提供了獨家專屬的身分認同。

趕牲和季節移牧拓寬了社交範圍，也在鄉間留下自身印記，從地名——例如南威爾斯斯萬西（Swansea）郊區的哈福德（Hafod），或愛爾蘭北梅奧（North Mayo）的布埃里韓諾伊（Buaile h'Anraoi），蘇格蘭摩瑞區（Moray）的希爾伯恩（Shiel Burn），和英格蘭綠意薩里郡（Surrey）的薩莫斯伯里森林（Somersbury Wood，以及它的對照組：溫特福德石南地〔Winterfold Heath〕）——到移牧小屋的土方工程，乃至於深深刻入地面、從低地通往山谷的一道道路線，不一而足。動物與人類沿著這些密密麻麻的路徑網絡一起流動。

今日，許多這類小路和徑道由錯綜複雜的堤溝網絡標示出來，這些堤溝在過去四千年來圈圍分割了不列顛的土地。早自青銅與鐵器時代起，在威塞克斯的白堊低地，在達特木，在泰晤士河谷，在不列顛南部地區，在英格蘭東部的泥沼區邊緣，以及從諾丁漢郡到約克郡，都可看到田地與這些小道網絡相互交融的情況。[10]

沿著這些穿越圈田的徑道驅趕動物，就不用擔心牠們踏壞耕作區的作物。這些徑道除了順應地景的形狀起伏，也是根據動物本身的行為發展出來的。數千年來，無數人的生活和牲口就是在這些小圈田內部搬演，並沿著縱橫交錯的路徑移動。藉由反覆耕地犁田、種植作物和放牧牲口，這些路徑也蝕刻在地景之中。

許多早期的路徑以古道和公共步道的形式留存下來。我和巴德的每日散步路線，有一段就是一條古老的趕牲道。雖然這些古道如今都是安靜的小路，但在往日曾經充斥著各種動物的咕嚕、咆哮、低鳴和咩叫。除此之外，還可加上號角的呼嚎、牧人的嘶吼、馬蹄的噠噠和狗兒的狂吠。更別提那些被踐踏蹄踩成蠛屑的糞土。當時的場面想必十分壯觀，一大群渾身臭味的人與動物將道路擠得水洩不通。趕牲道總是又嘈雜又骯髒，但這些小路本身卻為混亂場景施加了某種秩序。

第11章　漫遊之地：塑造和被塑造

本章探討路徑和風景的改變如何催生出另類行走方式

道路時而平坦，時而顛簸。有時，一條平順的道路會在你不知何時、不知何故的情況下，滿布車轍。

我的專業之路帶領我從開發工地考古學起步，繼而走向英格蘭遺產考古學，然後通往大學教書。這條道路豐富多樣，歡樂滿滿。但在我教書的某個時間點，事實上，就是在我撰寫本書前幾章的時候，這條路變得不太舒坦。

如果我有輪子的話，輪子應該會脫落。

學生數量下降，資深管理階層滿心憂慮，展開對系所的審查。我發現，我和其他人一樣，坐在一群素未謀面的專家小組前面接受提問，要回答對方我認為大學有何價值。我覺得筋疲力竭。在這種狀態下，每個問題都削弱了我的力量、貶低了我的自我價值，我變得悲慘無助。

那幾個禮拜，契爾屯丘陵的每日散步成了我的慰藉。我沿著林間步道踩出沸騰的怒氣，一面想像著要用哪些聖經等級的災難降臨在那些審問者頭上。但通常，走完一半路程，糾結纏繞的林間景觀和友好熟悉的步道就能安撫我的靈魂。一種平和之感沉澱了我惱火的心。就像拉丁文說的：*Solvitur ambulando*——走出解決之道。

道路不僅會變得顛簸，也會出乎意料便轉了彎。就在我的專業之路看似山窮水盡疑無路的時候，卻突然柳暗花明，在我眼前出現另一條康莊大道：來自約克大學的教職邀約。我當然接受了。我們一家人把原本的生活打包裝箱，和我們先前的世世代代一樣，動身遷徙。

寫下這段文字的此刻，我已經搬到北約克荒原的邊沿。一塊輝煌壯麗之地，豐富而清新。有些地方還保有美妙的荒野氣息，可惜當初因國會圈地而出現的狩獵莊園，由於數十年的管理失當，在地表留下了焦灼與濫用的傷疤。這裡步道處處，還有許多深深凹陷的低塹路，一度是經常使用的趕牲道和移牧徑。

不過，壓力往往要等到危機過去，才會徹底顯現，我也是如此。熬過一整年的動盪耗竭後，壓力全面來襲。我感到身心俱疲、分崩離析，彷彿構成我這個人的所有粒子全都一一瓦解而消佚無蹤。

我又一次在步道上找到寬慰，步道為我提供庇護、指引方向。特別是低塹路，兩側的陡峭坡岸像是緊緊擁抱著我，保護我不受外界侵擾。我尤其鍾愛那些昏暗隱密、錯綜複雜的低塹路，那些今日人跡罕至的低塹路。剛搬來那陣子，我會坐在低塹路裡，逃離一切人事，獨自哭泣。我自憐自憫，幻想自己化為塵土、變成汙泥，就像一堵老舊土牆重新回到原來的土壤中。不過慢慢的，有賴於行走散步和周遭親友的愛，我逐漸恢復。

我在契爾屯丘陵散步的那條小徑如今成了我的過去。我展望未來，還有新的步道等我踏足，新的林地待我探索。

之所詳述這些細節，不是想彰顯我的獨特，理由剛好相反：我認為，凡是曾把自己連根拔起、離鄉背井之人，都會對上述歷程心有戚戚。其中有興奮、有機會，但在興奮背後以及機運之下，或許也存在著悲傷和痛苦。

一九二一年，一名農夫在丹麥艾特維（Egtved）小村外發現一座墓穴，後來證明是青銅時代的遺址。

挖掘者找到一名女孩的遺體，年齡介於十六到十八歲。她約莫死於西元前一三七〇年。和常見的考古保存情況相反，她的骨骸大部分都已腐爛不見，只留下二十九顆牙齒，但令人無法置信的是，她的及肩金髮和修剪整齊的指甲卻在無氧的墓穴環境中保存了下來，還有小量的腦組織。其實一開始還能看到皮膚的痕跡，但隨著挖掘工作進行，很快就分解不見了。

她的衣物也保存得十分完好，因此我們可以看出，她穿了一件短版剪裁的羊毛衫，袖長及肘，一條繫了圓盤狀帶扣的羊毛帶飾纏在裸露的腰腹上，雙臀裹著一條用掛繩製成的及膝裙。雙足纏了裹腳布，腳上穿著皮鞋。兩隻手臂上各有一只銅環，其中一耳還戴了耳環。

這名十幾歲的女孩埋在橡木棺材裡的一張牛皮上，身旁擺了一把角製的梳子、一個樺樹皮做的盒子，以及一個樹皮容器，裡面有加了蜂蜜的啤酒殘渣。盒子裡放了一根青銅錐子和一只髮網。令人感傷的是，擱在她腳邊的小布包裡，放了一名幼童的骨灰。棺木邊緣放了一朵小黃花，或許是為她哀悼的家人留給她的告別禮物；這個禮物告訴我們，葬禮是在夏天舉行。

今日，人們稱她為「艾特維女孩」，並以書籍、電影甚至音樂劇重新想像她的人生。

不過，我之所以在這裡提到她，是因為她根本並非出生在斯堪地那維亞南部。

對她牙齒所做的化學分析顯示，她是在小時候搬到艾特維，而對她頭髮和指甲所做的化學同位素分析則指出，至少在她死前兩年，她曾數次往返於斯堪地那維亞南部和其他地方，可能是瑞典東南方或挪威的羅加蘭（Rogaland）。

一九三五年，丹麥發現另一座墓葬遺址。這次是一名來自日德蘭半島（Jutland）的十七或十八歲女孩，人稱「史克里斯楚普女子」（Skrydstrup Woman）。她也是埋葬在墓塚下方的橡木棺材裡，時間與艾特維女孩差不多，約莫是西元前一三〇〇年。她的服裝類似，但裙子不是繩編的，而是一條正方形的羊毛及踝長裙。她戴了一對大螺旋耳環。

「史克里斯楚普女子」的髮型令人驚嘆，先是要將一頭濃密長髮往前梳，固定在一個髮墊上，然後用繩子固定，接著將一綹頭髮編成複雜的花環模樣覆在前額，再用馬毛製的髮網套住。同位素分析再次顯示，她是在十歲出頭時從位於今日丹麥境外的原居地搬到史克里斯楚普。

傳統論述經常將這類史前晚期的旅程視為女子從遙遠故鄉遷移到夫家的證據；考古學家稱之為「從夫居」（virilocality），源自拉丁文的「*virilis*」，意指「從屬於男人」。在我看來，這種說法簡直是把這些女孩的移動貶低為無足輕重之舉，讓她們淪為被動的客體，就像棋盤上的棋子。我不認同這種看法。科學顯示，艾特維女孩在她年輕的生命後期，曾往返於不同地方。也許是從事長距離的季節移牧，但我更願意將這些移動的女性視為開路先鋒和冒險家，充滿好奇心與漫遊癖。畢竟，當考古紀錄出現這類男性移動的證據時，我們就是用這種框架來解釋。

的確，男女兩性並不總是享有同等的移動自由。在歷史上的某些時刻，中產與上層階級男性受到的限制少於女性。「至少男人是自由的，」一八五七年法國小說家古斯塔夫．福樓拜（Gustave Flaubert）在《包法利夫人》（*Madame Bovary*）一書中寫道，「他可憑藉一腔熱情踏上旅程、跨越國度、克服障礙、品嘗最遙遠的樂趣。但女人總是有種種羈絆。」不過，事情一直都是如此嗎？我們必須小心謹慎，不要將這種情況依樣套用在遙遠的過往。古往今來的女性，並不只是被動坐在家裡等著他們的男人，或四處閒晃找個遠地丈夫嫁了；當情況許可時，她們也會積極參與各種可能的活動。對你我而言，這似乎天經地義，但你不會相信，有多少對於往日的詮釋，甚至是相當晚近的詮釋，簡直就像是出自一九五〇年代異性戀本位主義的男性之手，裡頭帶有的厭女氣息可不只一點點。

當代作者曾經理所當然將古羅馬世界的女性旅人視為某種「越軌」者，但考古學卻告訴我們不一樣的故事。出土的銘刻、文物和墓葬證據在在顯示，古羅馬女性不分年齡與階層，她們移動的範圍都很廣泛。對維京晚期的墓葬分析也得出類似結果，女性擁有高度的行動力。我們在男女兩性的墓穴裡都發現進口的外國墓葬品，雖然我們無法確定這是否代表人的移動或只是物品的移動，但如果我們像過往學者那樣以此案例為男性辯護，那麼也該為女性辯護才對。女性富有行動力的論點，也得到該時期骨骸同位素和古代DNA證據的支持；這些證據顯示，許多女性的遷徙程度與男性不相上下。[1]

還有一種同樣懶惰的假設，認為往日社會若非流動就是定居，彷彿兩者相互排斥、無法共存。

人們經常假定，在舊石器時代和新石器時代這段漫長的時間裡，狩獵採集者是具有高度流動性的，並理所當然拿它與從新石器時代到今日仰賴農業的社會做對比。

這樣的認定源自於經濟功能：狩獵採集者為了追蹤獵物而頻繁移動，定居的農民則不動如山。狩獵採集者必須不停移動以順應天意，農夫因為能征服和主宰周遭環境，所以能控制自己的移動。

這種看法至少從十九世紀以來一直持續至今。根據這種看法，人類是從荒野漫遊逐漸走向定居文明。根據這種論述，人類的進步可用定居下來、減少移動和剝削地景的能力來衡量。靜止變成常態，流動是異常。

但這是一種謬誤。人類學家休・布羅迪（Hugh Brody）在《伊甸園的另一面》（*The Other Side of Eden*）中指出這種刻板印象，並觀察到事實經常相反。「農業社會往往處於移動狀態；反倒是狩獵民族的定居程度穩固許多。」他說。另一位人類學家羅伯・凱利（Robert Kelly）也表贊同：「許多狩獵採集者很少移動——有些甚至比許多『定居的』園藝社會（horticultural society）還少。」[2]

園藝社群至今仍在四處移動：他們還是得步行，而且社群愈大，要走的距離愈遠。小規模的園藝社群往往會繼續透過狩獵採集來補充飲食，只是現在他們需要更大的活動範圍，也就是說需要走得更遠更久，或許也表示需要利用更廣泛的植物進行更多的加工程序。小規模的園藝社群往往也會定期移動住所，有的是季節性遷移，有的是幾年一次，因為資源會日漸枯竭。移動住所牽涉到放棄他們的建築物一段時間，或將建築物整個拆解再隨身攜帶。而如同我們前面提到的，飼養動物也需要一年到頭大量移動，要跟動物在不同的地點一起生活。

農耕需要改變移動模式，但並非停止移動。農耕重新組織了流動性，在某些情況下還加強了流動性。

今日，透過同位素分析，我們可以用考古學的方式記錄早期農民的移動。這些分析證實了，當時人的一輩子會經歷好幾次大遷徙。今日考古證據指出，新石器時代的農民過著大體屬於游牧的生活，遠非人們一度以為的定居農民。過去幾年來，英國與愛爾蘭的考古學家發現，在中石器時代早期，有許多相當大型的永久性建築物，將人們想像中四處漂泊的狩獵採集者錨定在土地上。[3]

考古學直到現在才開始留意人類移動的一些細微差異。但我們對流動性的理解還很貧乏，而且一如其他地方指出的，這類移動在考古紀錄中很難看得到。儘管我們知道移動是多樣、複雜且多維度的，但我們很難辨識這類差異，所以只能給群體貼上移動或定居的二擇一標籤。而由於定居比較容易觀察，在考古學上留下的可見痕跡較多，我們很容易就把標籤貼上，很容易把間歇性和游移性定居這類差異視而不見、混為一談，都當成永久性的長期定居。流動性很難記錄，在考古學領域不是一個好研究的主題。

但移動是多變的，歷史並非從高度流動走向定居的單向道。流動有階段性的變化，這一代社群的流動性可能比上一代高，也可能比上一代低。狩獵採集者和早期農夫都有自我創造的能力和自由；他們都是有選擇的。沒有什麼元素能將他們和某種生活方式緊緊綁在一起。流動性就跟演化一樣，並非直線發展，而是糾結纏繞、錯綜複雜。

民族學的紀錄裡充滿社群在大流動與小流動之間擺盪的例子。有些變化是在同一年裡隨著季節更迭。而流動程度在同一社群裡也有天壤之別，無論某群體的「定居」程度多高，總會有某部分人過著頻繁移動的生活（一如我們在自身周遭所見的情形）。[4]

生活從來不是靜止與流動之間的簡單二分法。工業化的現代世界經常被認定為定居社會，但我們所擁有的流動性卻甚於以往任何時代，我們藉由汽車、火車和飛機以驚人的距離和前所未有的速度移動旅行，實際將天涯縮為比鄰。

從這個角度看，游牧民族與定居民族之間的緊張關係就有點奇怪，例如羅姆人和流浪者團體與社會其他團體持續至今的緊張。如果將眼光拉長，我們就會發現，這種緊張放錯了位置，因為我們一直都在既流動也定居的狀態，始終在兩者之間穩定擺盪。

或者，這種緊張並未錯置。也許移動者和停駐者之間，總是存在著不安之感。而這種不安，或許將持續到永遠。

第12章 徒步旅行：迷路和入迷

本章我們會探討森林、爬山和時尚穿著的起源

今日，當我們使用「forest」（森林）一詞時，是指茂密的樹林。但「forest」最初屬於法律詞彙，至少在中世紀的不列顛是如此，指的是一塊未設置圍欄的區域，保留給皇室或其承租人，供養鹿和獵鹿之用。區域裡必然會有樹木，但最主要是石南、泥沼或荒原。這些區域不受平常的土地法管轄，而是受保護鹿群和支持狩獵的森林法約束。「forest」一詞可能源自於拉丁文的「*foris*」，意指「外面」——「foreign」（外國，異域）一詞也有同樣的字源。在「forest」這個案例裡，指的是外於現行法令。所以，當我們在歷史文件或現代說明牌上看到（比方說）皮克林森林（Pickering Forest）曾經涵括皮克林谷地和北約克荒原，意思並非在中世紀時期那整塊地區都是一片廣袤林地。確實不是。那塊區域大多是開闊的荒原，就好比社塢林（Sherwood Forest）主要是石南地。[1]

過去幾千年來，林地一直是歐洲北部大部分地區的長久特色，對許多人而言，林地是資源之母，從砍伐嫩枝、設置陷阱、製作木炭，到採集可食用和藥用的植物與菌菇，諸如此類。豐富的林地世界總是吸引人進入，在其中移動。對今日的某些人以及過往的許多人而言，林地代表家園。即便在林地之外，往日的生活也浸潤在林木中——從工具把手和家具，到吱嘎作響、散發著木材與森林氣息的房屋都是如此。

要穿越茂密林地並在其中生活，就表示要與動物和其他生靈密切接觸；牠們與人類、林地本身和裡頭的多樣生命糾結纏繞，所有元素相互牽動並試圖了解彼此，創造出一個活力充沛的思想網絡。林地的每個角落都充塞著意義，承載了各種神話故事與警世傳說，從糖果屋到羅賓漢都是例子。它們滲入夢境，成為鮮活童年的記憶儲存庫，保存了我們爬過的樹木和一手打造的祕密藏身處。[2]

有時，林地的植被密密麻麻，看似無法穿越，迫使人們繞道或沿著邊緣行走。但其實，林地有萬千變動和不同樣態，通常都可以穿越，即便有時得要披荊斬棘。倒下的樹木和覓食的動物在林地裡扮演重要的生態角色，有助於創造開口和縫隙。這類林間空地因地形而異，有些會形成狹長通道，變成可穿梭往來的路徑。[3]

密林的一大危險就是失了路徑、迷了方向，即便是經驗豐富的森林引路人也可能迷路。迷路意謂發現自己置身在危險的異境，意謂可能找不到回頭之路。

凡是真正迷過路的人都知道，迷路會讓環境頓時變得陌生又奇異，讓人惴惴不安。我的方向感糟糕，這表示我不時就得體驗一次這種感受；在樹林間，在荒原上，甚至在有路標指引的繁忙大街上。有一次，我和妻子及一位朋友在密林中採蘑菇時，迷路了好幾個小時。奇怪的是，直到一頭白色雄鹿像哈利波特裡的「護法咒」（Patronus Charm）般出現眼前，而我們決定跟隨牠，才終於找到出去之路。

但在找到出路之前，迷路就像突然掉進一個陌生世界。迷失方向令人擔憂。你孤立無援、絕望害怕，很容易就行為失控——狂奔、驚慌、失去理智。迷失方向就像丟了腦袋。[4]迷路時你才會意識到，周遭的地景遠大於你先前的認知。

經常在陌生地景中移動之人學會在未知環境如魚得水的技能。一如作家蕾貝嘉・索尼特指出的，迷路不同於入迷。[5]入迷可能是一種發現，一種讓陌生變熟悉的方式：「任何時候，在林間迷路都是一種令人驚奇、值得懷念和富有價值的經驗。」亨利・大衛・梭羅（Henry David Thoreau）在《湖濱散記》（*Walden*）中如此觀察道。[6]入迷是迷失時間的軌徑，全副身心沉浸於周遭環境。

人類正是藉由自願迷失以及隨之而來的發現，才漸漸征服這座星球。

地景知識要靠漫遊其中取得。事實上，唯有透過這種探路行動才能徹底了解環境。在歷史上大多數時候，我們沒有地圖，我們是靠著徒步探索累積出來的知識，在沒有地圖的情況下旅行。[7]

徒步旅人就是擁有這種知識的人。我指的並非以找路為工作的特殊人士，而是所有把徒步旅行當成一種生活方式的人。在過往大多時期的多數人都是徒步旅人，當然也包括史前時代。地圖、今日的衛星導航，加上我們普遍遠離大自然，才使得徒步旅行變得難以理解，但這正是過往人們四處移動的方式。

徒步旅人不需要外界告訴他們該怎麼從一地移動到另一地，因為他們對環境有基本程度的了解。這不表示他們腦海裡有一張地圖，那需要俯瞰世界的視角，這點直到不久前都還是不可能的任務。這也不表示他們在動身之前腦海中就有了一整套指令——先這樣轉，再那樣走等等。徒步旅人是從地面了解環境，那是他們看世界的角度。與其說他們是預先知道路線，不如說他們是邊走邊發掘路線，同時創造一種連續記憶的動作，很像音樂家藉由彈奏來記憶一首歌或一段樂曲。[8]

徒步旅人沉浸在地景中，就像追蹤者沉浸在被追蹤動物的思維裡，或放牧人沉浸在他的牲口之間。那不是導航，而是「感覺」周遭地景。徒步旅人藉由閱讀土地來確認山脈、樹木或河流的方向。這是一種高超技巧，需要密切觀察周遭環境，並運用所有感官——動覺、視覺、聽覺和嗅覺。徒步旅人對他們的世界具有感知協調能力，能不斷根據周遭環境調整自身的移動。

徒步旅人運用土地的形狀和特徵，並根據步道的性質、植被的類型、地面的硬度、動物禽鳥的出現，以及周遭的光影聲響做出調整。他們知曉陰暗北坡和光亮南坡的差異，了解北極星和金星可以指路。徒步旅人會依循樹木的形狀紋理、地上的落葉、踩過的水坑和日月的位置來校正移動的節奏。甚至連樹木哪一側長滿藻類都是可用的線索。過往人們會留意這類事物，利用環境和其中特色來判定方向。地景愈多樣，判定愈容易。他們的知識是自身移動的總和，透過先前的行旅經驗逐步精煉。[9]

當然，隨著時間推移，人們也找到記錄這類知識的方法。在中世紀早期和稍後幾個時期，基於法律原因，詳細描述一塊土地的邊界是當時的習慣做法。這類紀錄稱為「巡行勘界」（perambulation）：藉由步行做出如實的描述。舉個我家附近的例子，十七世紀約克郡赫姆斯利（Helmsley Estate）的疆界是這樣寫的：「從蘭貝福德石堆（Lambe Folde Stones）往北走到有手形的十字架。然後繼續往前走到巴格斯東（Bagerstone），東邊是白金漢公爵（Duke of Buckingham）的領地庫金里格（Cookinge Rigg），從那裡離開。繼續往北爬上巴內吉爾（Barney Gill）抵達街道。然後轉向西北，走到名為費斯頓（Faceston）的邊界……」諸如此類。[10]

這是某種書寫版的地圖，人們可根據這些描述標定地界。這些地界可定期透過雙腳更新；如有需要，還可由陪審團一起巡行，以確保無人侵占土地。稍微離題講個有趣花絮：到了十八世紀，很多人會在聖母升天節遊行期間，順便進行確認地界的季節性巡行。通常那會由一位社區代表帶著一群孩子執行，而這項活動漸漸被稱為「打界」（beating of the bounds）。

遊行會繞著教區、村莊或莊園的地界巡走，在地標處停下，讓孩童和其他新搬來的居民接受各式各樣的痛苦刁難。比方說，如果地標是一條河或一道溝，就會有個小孩被扔進去；如果是一棵顯眼的樹木或地界石，就會把小孩推去撞或倒掛舉起。經過這些折磨的小孩，長大後若遇到地界爭端，大概都不會忘記正確的地界。[11]透過與土地的親身接觸，這些地界便深深烙印在居民的記憶中，並傳承給下一代。與此同時，村民也被納入村莊領地的集體認同裡，將村民與土地牢牢綁在一起。

這類打界活動通常也包含節慶和假日——吃吃喝喝、尋歡作樂——有助於鞏固記憶。這也是抵抗圈地的重要方式，村民經常拿著工具一路摧毀樹籬和圍柵。[12]

到了維多利亞時代，打界的習俗似乎變成一種比較不痛苦的展演行為，由孩子們用杆子或棍棒敲打地界；也就是說，不是讓地景印刻在孩子身上，而是讓孩子把自身印刻在地景上。[13]我認為，這項幽微但重要的改變意謂我們與土地的關係變成支配性的。這種支配性至今依然存在。

無論採取哪一種方式，這些地界都由世世代代的人們透過雙腳反覆鞏固與更新。土地的形狀與人們的心智都將自己銘刻在對方身上。

有些地景對移動設下的險阻甚於其他。山脈即為一例。攀爬是一種截然不同的移動方式。山脈逼得人遠離社會，並能提供一種原生的自由感，特別是在你登上頂峰、看到並感受到全景的那一刻。但爬山比大多數移動更為艱辛，會面臨更大的危險，必須集中心力踏出每一步。

爬山得手腳並用，得實際用肢體去接觸環境，得摸索著向上攀登。在這個意義上，爬山的觸覺性更強，比其他移動需要更多的動覺意識，必須讓身體與環境更加緊密合而為一。當登山者攀著岩石表面往上爬時，岩石會割傷雙手、磨損指甲、讓膝蓋瘀青；岩石在登山者身上留下印記，一如登山者努力將自己銘刻在岩石上。山登得夠勤夠久，經年累月下來，登山會變成你的第二天性，登山者的身體會慢慢變成結實、強韌的「登山者體格」。[14]如同我們先前提過的，骨骼具有可塑性，移動和土地都會刻進身體裡。

一九九一年，在提羅爾阿爾卑斯山（Tyrolean Alps）的一處山脊上，一群德國登山者發現了一具埋存在冰雪中的屍體。調查後確認，這名肩頭上還插著一支箭的死者，是在五千年前過世的。（我們無法確定是不是那支箭奪了他的命，但就算不是致死原因，肯定也曾讓他痛苦不已。）

這位新石器時代的冰人後來被稱為「奧茲」（Ötzi），名字取自附近的一座山谷。他死於西元前三二三〇年左右。從他保存下來的軟組織裡，可看到至少六十一處紋身。他穿了三層衣物，保暖效果不錯。其中包括羊毛緊身褲和腰布、一件柔軟的羚羊皮夾克，還有一件用草和韌皮纖維製成的斗篷；韌皮纖維指的是位於植物莖部內襯的木質纖維。

帽子是熊皮製的。鞋子用草做了隔熱保暖，鞋底是熊皮，鞋面是牛皮。[15]

這些衣物保存良好，看得出設計精良，且完全符合環境需求。同樣的例子還包括在西伯利亞阿爾泰山脈（Altai Mountains）巴澤雷克（Pazyryk）區發現的一隻皮靴，屬於兩千三百年前一位西徐亞（Scythian）婦女所有。鞋子裝飾精美，鞋底還鑲嵌了黃鐵礦水晶，增加對冰凍地面的抓地力——真的就像歌曲所唱的，她的鞋底鑲滿鑽石*。[16]

自從足履發明之後，就有助於淨化腳與地面的接觸，調節兩者間的關係。靴和鞋都需要「磨合」才會舒適。否則，它們的效果可能是負面的：會打斷和干擾行走的流暢性，降低甚至阻撓我們的移動能力。[17]在過往的大多數時候，人類都是穿著軟底鞋行走，軟底鞋所帶動的行走姿勢與今日大相逕庭。那種姿勢有點像貓捉小鳥，必須先讓腳掌著地，然後探索著地面前進，不像今日穿上較硬鞋底的我們，可以自信滿滿直接把全身重量都從腳跟踩下去。你可以在家試試軟底鞋的走法，那會令人莫名其妙上癮，而且真的會讓走路姿態截然不同。

軟底皮鞋無法長時間防水，需要頻繁晾曬。有錢人可以穿上木屐、抬高雙腳，避免踩到泥土（並因此名副其實高農民一等）。但對大多數的勞動民眾而言，整天穿著濕漉漉的磨腳靴子才是生活常態。

從考古遺址中出土的鞋子就和腳印一樣，也能透露出鞋子主人的一些訊息，至少能知道腳的大小，從而推算出大致年齡。穿鞋者的腳會影響鞋子的形狀，而獨特的走路風格也可從鞋子的磨損痕跡辨識出來。這是一種雙向影響。鞋子的類型也會改變腳的形狀，凡是嘗過高跟鞋之苦的人大概都能印證這點。這種影響也會留下考古痕跡。十九世紀，考古學家針對荷蘭米登比姆斯特（Middenbeemster）一個務農社群的足骨做了骨骼考古學分析，結果顯示，穿著木鞋導致農民反覆受傷。

我們知道，十四世紀英國流行一種超長超尖的鞋子，造成足部問題大增。這類所謂的「尖頭鞋」（poulaines 或 pikes），有些比例誇張到怪異程度——細長的尖頭有時還會往上捲翹，完全就是電視劇裡的黑爵士風格（Blackadder-style）。有些甚至得把尖頭綁在小腿上，才有辦法行走。在劍橋進行的中世紀骸骨分析顯示，這種時尚增加了罹患拇趾外翻（大腳趾變形）以及因絆倒而摔斷骨頭的機率。[18] 這種中世紀尖頭鞋主要是富人（以

*我從蘇珊・烏斯特西恩教授（Prof. Susan Oosthuizen）的一條推特發文裡偷了「她的鞋底鑲滿鑽石」這句歌詞。我很抱歉，但這句歌詞實在太貼切了，不用可惜！

及修士）穿的，而非一般人的鞋。這種鞋子也是男性性魅力的展示，因為當時人會將腳的大小與陰莖尺寸畫上等號。基於這個原因，尖頭鞋經常會跟另一種誇大陰莖的配件一起穿戴：襯墊護襠。

我曾在倫敦市挖到一隻中世紀尖頭皮鞋。當我把它從地上拿起、以勝利姿態高舉時，一團苔蘚從尖頭裡掉了出來。當時，在建築工地工作的愛爾蘭老頭派崔克直盯著我。他驚呼道：「啊！我年輕時穿尖頭短靴也會這樣搞——只不過我塞的是衛生紙團。」世事萬變，不離其宗。

如上所述，足履和服飾整體而言所傳達的訊息總是多於其實用功能。無論它們是否時尚、精製與高規，都會透露出行走者的訊息——他們是專注認真的行走者嗎？他們有錢嗎？（是名副其實穿好根鞋的人〔well-heeled〕嗎？）諸如此類。在十三世紀的法蘭德斯地區，只有貴族穿得起可以炫耀臀部的緊身短上衣，那是一種時尚的貼身夾克；一位十五世紀的父親勸告兒子不要穿這類衣服：「那會挑起女性的淫慾。」就和朝聖者一樣，我們的衣著正是我們展演自身文化符碼的工具之一。[19]

鞋子和衣著對行動的影響程度超乎預想，它們能在某些環境下提供更大的靈活度，由此增強人體的天生能力。

地形也會影響行走方式；它決定了步態和步速，決定你該謹慎慢行或自信邁步，該匍匐或攀爬。宛如皺皮的地景，它的每一道交疊、摺縫、扭結、纏繞，都會有將自己壓印在移動的身體上的傾向。

第4篇

往 返

第13章 道路滾動：在社會領域奔馳

本章會看到道路的發展，車輪的發明，以及它們如何建構我們的生活

父親一直熱愛美國那種開闊無邊、自由冒險的公路想法。我的許多童年假期就是在美國駕車中度過，沒有任何目的地。我們不知道轉個彎路或越過山頂後會看到什麼。就算真的設定了目標，也不一定能抵達。我們會飛到任何一個可以買到機票的城市，從那裡出發。

有一年，我們想要開到黃石公園，也或許是優勝美地，但因為我們開得很慢，又東繞西繞，時間花完了也沒抵達。這不打緊。隔年，我們又試了一次。我不記得那次我們是不

是真的抵達目的地，因為那不重要；重要的是旅程本身。我們一家人，開車穿越廣袤空間。我們迷失在曠野中的小鎮。住在偏僻、廉價又簡陋的汽車旅館。我們幾乎沒走觀光路線。地景無邊無際，道路提供逃離的方向，許諾我們以新的地平線。

蛤蟆知曉這種感覺，牠在《柳林風聲》（*The Wind in the Willows*）裡驚呼：「開闊的公路、煙塵瀰漫的高速道路、荒原、公地、樹籬、起伏的山丘！營地、村莊、小鎮、城市！今天就到這裡，明天繼續出發奔向他方！旅行、變化、樂趣、興奮！整個世界就在你眼前，還有一條變化不止的地平線！」

道路在我們的集體意識中占據重要地位。

華特．惠特曼（Walt Whitman）歌頌美國的開闊公路，而公路也成為一九五〇年代美國垮世代（Beat Generation）的隱喻，從傑克．凱魯亞克（Jack Kerouac）的《在路上》（*On the Road*）到約翰．史坦貝克（John Steinbeck）的《查理與我》（*Travels with Charley*）都是例子。對凱魯亞克和史坦貝克而言，公路旅行是渴求知識的一場追尋，是理解世界的一次探索。對雷利．史考特（Ridley Scott）電影《末路狂花》（*Thelma and Louise*）裡的塞爾瑪（Thelma）和露易絲（Louise）而言，公路代表從父權主義壓迫的社會得到解脫的自由。對戈馬克．麥卡錫（Cormac McCarthy）小說《長路》（*The Road*）裡的父子而言，公路代表未知的目的地，在那裡，生存也只是一種可能。[1]

公路可能帶給人一種無著無落的空間感。脫離社會、規則或自我；一個充滿無盡可能的壯闊空間。公路會喚起對叛逆自由精神的浪漫想像。超越且踰越。

這些特質在強有力的道路影像中都可窺見一斑或全部，無論是在地平線上逐漸收窄成一個小點的柏油馬路照片，或是在二十世紀初畫家艾瑞克・拉維利奧斯（Eric Ravilious）水彩畫裡那些輕柔彎繞的移動：軌道、小徑、公路，有時是從山坡或移動火車上看到的景象。

每個小學生都知道古羅馬道路網改變了英國的大部分地區，一套先進系統強加在毫無戒備的一塊史前世界，就像偉大帝國的一條條觸手。關於這點，《蒙地蟒蛇》教了我們許多。「古羅馬人為我們做了什麼？」在電影《萬世魔星》（*The Life of Brian*）中，猶太人民陣線的雷格（Reg）問道。「道路？」有人回答。「嗯，對，當然是道路。我的意思是，不用說一定是道路，不是嗎？」

古羅馬人沒道理不把道路帶來對吧？畢竟，他們也引進了許許多多其他東西（「除了下水道、醫療、葡萄酒、教育、公共秩序、灌溉、道路、淡水系統和公共衛生之外，古羅馬人還為我們做了什麼？」）。但考古證據不斷出土，定年技術也日新月異。今日可以清楚看出，古羅馬道路很大程度是建立在先前既有的路線之上。事實上，我們知道，在英國鐵器時代的社會，就已經有正規興建的工程道路，而不只是踩踏出來的小徑和步道。

這些早期道路系統的痕跡已經存在了一段時間。在古羅馬城鎮錫爾切斯特（Silchester）下方，有一套鐵器時代晚期的街道網格，路面還鋪了卵石，而在鐵器時代的戴恩伯里（Danebury）丘堡也挖掘出類似的證據；這兩處遺址都位於漢普郡（Hampshire）。我們還知道，鐵器時代的簡易道路曾跨越約克郡丘陵。

在不列顛，鐵器時代正規道路最明確的證據出現在施洛普郡（Shropshire）蘇斯伯里（Shrewsbury）附近的銳石山（Sharpstone Hill）。二〇〇九年，在一座採石場擴建工程的預備階段，挖掘出一條不同時期、工程完善、維護精良的道路——奇特的是，那座採石場每年都會開採出數十萬公噸因其抓地力而備受推崇的骨料，用來鋪設英國現代道路的鋪面，以及世界各地一級方程式的賽道。那條鐵器時代的古老道路經過悉心規畫的工程設計，採用拱形構造（也就是路面從中央向兩側傾斜，利於排出多餘水分），並以壓實的河卵石鋪設堅硬路面。道路下方有一層接骨木的小樹枝，樹枝下方是更早之前用來趕牛的牲道。道路兩側都有排水設施。如果沒有科學定年鑑定，這條路肯定會被歸類為典型的古羅馬道路。但放射性碳定年法和光激發光定年法都顯示，這條道路是在古羅馬征服之前的鐵器時代所興建的。這條道路在當時並未通往羅馬。類似的道路無疑是通往鐵器時代稱為「*oppidum*」（防禦性聚落）的大型聚落。[2]

有一條古羅馬道路就蓋在銳石山那條鐵器時代道路上方，這讓我不禁好奇，究竟有多少古羅馬道路其實是興建在更早的道路之上。我猜數量很多，隨著出土的道路愈來愈多，搭配科學定年技術，一套鐵器時代建立的道路系統即將浮現在我們眼前。

要將一套完整的道路網強加在某個國家的國土之上，你得憑空設計出這些道路，然後再空降到空白的地景上。這件事顯然沒有發生。道路不是蓋出來的；道路是人們走出來的。道路先是取得重要性，之後又失去。道路會隨著一般百姓不斷變化的需求做出有機性和迭代性的改變。每個新階段都是建立在前一階段的基礎上。類似的過程也發生在北美殖民地，那裡的道路就是興建在前殖民時代的古代徑道和公路上，例如紐約市的百老匯就有一部分是覆蓋在威克奎斯吉克小道上（Wickquasgeck trail）。或許多年前父親開車載我們駛過的公路，最初就是由北美原住民走出來的，早在哥倫布之前就走在那裡。

即便是並未奉行既有路線的現代汽車道，也得遵循地形學，避開聚落，或繞過地景中的重要景點，有時還會在與抗議者的艱苦戰鬥中敗下陣來。牛津附近的奧特摩爾（Otmoor）就發生過這類事件，抗議者買下四十號高速公路預定路線中間的一塊地，將它分成數千個小地塊販售，讓政府幾乎不可能以強制收購的方式買下這塊地。開發道路是為了解決某些特定問題。在道路下方，總是湧動著一股歷史暗流。

確認不列顛在古羅馬人抵達之前就存在通道、小徑和偶爾的正規道路之後，我們也可以承認，古羅馬道路確實具有不一樣的品質。古羅馬道路改變了在境內迅速移動以及進入新區域的速度。腳下的感受也大不相同。

不過，最初的古羅馬道路也相當簡陋，經過了一段時間才創建出我們所知的古羅馬道路網。

考古證據十分豐富。古羅馬道路建造精良，能適應各種天候。有時會蓋在名為「agger」的人工堤道上，在堤道上方鋪設碎石路面；將道路架高，成為名副其實的高架道路。兩側的排水溝會讓路面保持乾燥。在不列顛這種多雨的地區，這是不可或缺的設計。鋪面工程通常包括用大塊石頭構成基礎，在上面鋪放卵石或礫石，形成平滑的承載表面。鋪面通常會刻意壓實，雖然人車動物的來來往往也能達到同樣效果，但這種平滑堅硬的路面肯定會帶來不同以往的移動體驗。

路面往往會有輕微弧度，從中央向兩側下滑，一如鐵器時代的銳石山道路。不過，古羅馬道路並沒有特定規格，會根據路線需求與在地土壤而有極大差異。例如，在排水良好的地方，就不需要堤道和路邊排水溝。古羅馬道路的設計和建造就是名副其實的「從平地起」。

與普遍的迷思相反，古羅馬道路並非總是筆直的。那需要鳥瞰世界的視角，但一如我先前說過的，當時並不存在那種視角。古羅馬的主要道路通常是直通的，但不會罔顧地形，盲目順著筆直線條鋪設。古羅馬的測量員都是該領域的專家，會因應地景找到移動和連結的解方。他們會避開障礙、考量地質、在適當地點跨越河流，或將跨越的數量減到最低。而這一切都需要在地知識。[3]

今日我們口中的古羅馬道路其實是當時的主幹道，相當於今日的高速公路。但大多數的古羅馬道路其實是次要道路，蜿蜒程度一如今日。事實上，它們很可能就是今日某些次要道路的基礎。從宏觀角度研究古羅馬道路，把它們當成地圖上的線條，會增強它們的筆直外觀，強調它們的效率功能。我比較喜歡考古學家所提供的地面視角，那是一張截然不同的圖像，會有許多在地化的小曲折和小轉彎。

古羅馬道路眾所周知的筆直路段，可能是古羅馬人將既有道路改善後的結果，他們加以強化拉直、平順彎角。許久之後的收費公路測量員也是從事同樣工作。甚至連史前時代的徑道也可能有一定程度的筆直性，畢竟它們本身便是長期存在（且經過整修）的移動路線。我們可以在銳石山看到這點，那裡的鐵器時代道路就是奠基在先前的徑道之上。

如果跟我一樣有機會在大型都會區裡切開一條古羅馬道路，你就能看到構成那條道路的地層情況，包括修正與變化，校準與微調。我曾在倫敦南華克區（Southwark）挖掘一段古羅馬道路，至今我還記得，在我發現填補過的坑洞和舊路面上的新鋪層時，當下那種喜悅開心之情。那讓我想起童年時期鄉村小路柏油路面上的補丁——那些別人以為你不會留意到的小地方。

凡此種種都告訴我們，道路是從它們所屬的地景中發展出來的。道路一如刮了又寫、寫了又刮的羊皮紙：是長時間積累的產物。

在薩摩亞（Samoa）一條新路開通時，作家羅伯・路易斯・史蒂文生表示：「我們的道路並非為了使用千年而建。然而，在某種意義上，它確實能歷時千年……道路一旦興建，奇妙的事情就會發生。它逐漸聚集交通，年復一年有更多人行走其上，還會有人站起身來修補它、維護它，讓它持續發揮功能；所以，我們這條路或許也能在我們化為塵土後的千百年間，在反反覆覆的修護下繼續存在、為人所用。」

古羅馬人在不列顛興建的道路比古羅馬人的統治更為長久，並大大影響了後來的歷史。如果說，有一條古羅馬道路至今仍在使用——確實有很多——那是因為自它興建之後就不停被使用。

道路一旦停止使用，很快就會破敗。沒有鋪面的道路低窪處會積水，土壤沖刷，變成爛泥，而經年累月的人腳行走、獸蹄踩踏和車輪輾壓，也會讓道路嚴重受損。廢棄的古羅馬道路經過整個冬季的冰封與早春的解凍，原本堅實的礫石路面會出現裂縫破損。雜草會快速在裂縫中生長，將隙口愈撐愈大。不出幾十年，道路就會被植被覆蓋，無法通行。百年之後，可能會看到路上長滿荊棘，甚至形成小樹林。

魯德亞德．吉卜林（Rudyard Kipling）在一九一〇年的詩作〈穿林之路〉（The Way Through the Woods）中捕捉到這點，以及曾經盤桓在路上的鬼魅之感：

七十年前
他們關閉了穿林之路
風吹雨打化路為土
以致今日之你從不知曉
曾經有條穿林之路……

然而，如果你在夏日深夜
走進森林
當夜之氣息冷涼於鱒魚迴游之塘
你將聽聞馬蹄噠噠
裙襬輕拂葉露

中世紀時期，似乎極有可能有過一套複雜精細、維護良善的道路網，無論今日是否還能看到。那套網絡不僅繼承了舊路，還將新路納入使用。

我們在前幾章提過一些中世紀的廢棄村落，在它們殘留下來的化石證據中，也可看到中世紀道路的痕跡。在威爾斯中部，有一條中世紀的「修士踏道」（Monk's Trod）連接兩座十二世紀的修道院。在今日的北約克荒原，還可看到其他修士踏道和一條「修士之路」（Monk's Walk）。這些道路很可能是用來運輸羊毛，以馬馱送。事實上，有一套廣布的「踏道」網在這塊荒原裡縱橫交錯。通常是以板石鋪成，寬約半公里，主要是從市集或修道院之類的大型生產地運送貨物穿越荒原，或是由魚販將魚從沿海村莊運往內陸的約克和其他地方。還有一些小踏道連結磨坊、教堂和農場。[4]

這些踏道有些還可見到，其他則被地主毀了。我很愛在荒原上搜尋這些踏道，沿著踏道行走。我在餐桌上攤開那張折了角的英國地形測量局地圖（OS map），擺出軍事指揮官在戰情室裡的模樣，計畫一場健行；在理想的情況下，這場健行會把我帶到一家酒吧的打擊範圍內。（我很喜歡「踏道」一詞。它說明了我們在踏道上的行為。我們沿著踏道踏行，一如我們沿著馬路馳騁，沿著牲道趕牲。）

中世紀也出現了其他類型的道路，特別是在地規模以及連接新城鎮與鄉村的道路。這些彎彎扭扭、未設鋪面的道路，並不像鐵器時代或古羅馬道路是經過工程規畫營造而成，而是由習慣性的移動和固定的行旅路線漸漸形成。就和史前步徑一樣，這些道路若頻繁使用就會逐漸顯露，一旦沒人行走，很快就消失無蹤。

它們是動態通道，是「地役權」（easement），而非實體性的固定道路。這類通行權受到法律保護。根據法律，如果路徑上出現障礙物或因潮濕天候變得「泥濘不堪」時，行旅者可以偏離既有路徑。正因如此，有時會在鄉間看到好幾條平行路徑。空照圖經常可看到某條道路分散成好幾條平行路徑的情況，這些路徑就是中世紀行旅者發現道路受阻或淹沒時沿著側邊移動所形成的。

自古至今，道路都是疏導不同群體的社交空間，讓移動的人們可以在此交流。古羅馬道路的主要用途是讓軍隊移動步兵、騎兵和物資車輛，以及供官方郵務之用。中世紀的軍隊也使用同一套網絡。以往人們認為，撒克遜時期（Saxon period）的「軍道」（*herepath*）是指軍用道路，但真正的用途可能更為廣泛，是用來連結重要場所，例如「百戶區」（hundred）集會所。這類集會所也稱為「moot」，是由「百戶區」這個領土單位裡的富人和權勢者會面討論當地事務和舉行司法審判的場所。這類場所通常位於交叉路口或河流渡口。

草地路肩是中世紀和後中世紀道路不可或缺的一部分，稱為「長畝」（long acre）。這是一塊重要的公地，農民會將牲口栓在這裡吃草——可能是長途趕牲人，也可能是將牲口從這塊田趕到另一塊田的當地農民。[5]

往來於中世紀道路上的其他旅人幾乎涵蓋所有社會階層。有小販商人伴隨隆隆作響的貨車或負重馱馬。有吟遊詩人，只要一小筆費用就能用笛子或三弦琴演奏歡快舞曲。有巡迴法官、郡長和收稅員。不法之徒會在主要道路上出沒，例如十四世紀的福維爾幫（Folville）和寇特婁幫（Coteral），他們在森林道路上遊蕩，挑選可以劫財劫色和索命的旅人下手。為了自保起見，旅人會付錢結伴上路，在客棧與其他同路人會合。傳訊人也是道路常客，因為移動即知識。頻繁上路的當然還有朝聖者、巡迴傳教士、遊方修士，以及在轄下諸多采邑間奔走的主教。

在整個中世紀，王室宮廷大多是巡迴流動的。王后國王不停在領土內移動，與各地保持接觸，這支代表權力威儀的巡遊隊伍包括滿載行李的二輪運貨車、四輪馬車和馱馬，以及家眷騎士、鄉紳、武裝衛隊、僕役、貼身男僕和小廝。

一一五八年，英格蘭樞機大臣湯瑪斯．貝克特（Thomas Becket）帶著兩百名隨從浩蕩上路。先導人員會提前安排好這些隨從的住宿。在地民眾扮演嚮導角色，指引方向，並建議最佳路線。這類貴族巡行帶來了令人興奮的壯觀場面，無疑會成為其他路人的關注焦點，包括引頸好奇者、尋求施捨的貧病者，還有扒手和妓女。[6]

行政文書仔細羅列了這類旅行的花費項目，以及行李車隊的龐大規模，但相關的考古紀錄倒是十分稀少；十五世紀末，亨利七世母親瑪格麗特・博福特女勳爵（Lady Margaret Beaufort）的行李箱算是罕見案例之一，目前陳列在西敏寺。

如同我們先前指出的，這樣的大團體移動就是一種自我展示的機會：這番隆重威儀就是為了引人注目而設計。民眾一眼就能看出他們的身分地位。即便到了今天，國家元首在七大工業國高峰會這類國事訪問中，也會精心打理、展示自身風采。我們似乎可以合理推測，早在史前時代，所有類型的統治者都會有諸如此類的展示演出。

如果某條路線經常有相同的一些群體為了特定目的而使用，該條路線就會與那些群體產生連結。通往教堂、宗教聖地和其他重要景點的道路，有時會跟它們的目的地結為一體，因而道路本身也變得神聖或成為儀典的一部分。

靈柩路也稱為靈車路、棺道、葬禮路或屍路，在中世紀和之後各時期，是用來將死者連同送葬隊伍引導至最靠近的合法墓地，而在偏遠地區，那就可能需要在鄉野之間跋涉好幾英里。這是抵達長眠之所的最後一趟旅程。有時，靈柩路旁會設置「停棺石」

（coffin stones），讓棺材或裹屍有暫時停放之處。在鬼魂與魂靈遊行的民間傳說中，這些道路往往會積累出某種特殊意涵：成為屍體遊行和鬼魂聚集之路。[7] 我們可以在莎士比亞《仲夏夜之夢》（*A Midsummer Night's Dream*）帕克的一段獨白裡看到些許影子：

此刻是夜晚時間
墳墓一律開敞
釋出他的魂靈
在教堂路的小徑上滑行

交叉路口也似乎總是有趣之地。我們在前面的章節中看到，有些新石器時代的圓形圍場可能就是蓋在交叉路口，或是從交叉路口發展出來。在中世紀時期，交叉路口經常會設置標記、石十字和聖者雕像，成為行旅者的地標。而這類交通匯集之處顯然是宣傳某些訊息與接觸廣大受眾的好所在。

刑場也經常設置在交叉路口，例如倫敦知名的泰伯恩絞刑場（Tyburn gallows）至少從十二世紀起一直到十八世紀，就位於兩條古羅馬道路的交叉口（今日的埃奇威爾路

〔Edgware Road〕和牛津街)。罪犯、異端和社會邊緣人有時也會埋在交叉路口，難怪交叉路口會引來許多有關女巫、鬼魂和魔法的故事。自殺者死後，屍體會拖行遊街，受人嘲笑，有時還會用木樁戳刺心臟，然後埋於交叉路口。驚人的是，這項埋葬習俗竟然從中世紀延續到一八二三年「自殺埋葬法」(Burial of Suicide Act)明令禁止才告結束。

將人埋在交叉路口，等於承認這些地方是臨界過渡的閾限空間，旅程會在這裡轉換方向，必須做出決定。古人希望，埋在交叉路口的靈魂會因迷惑而下不了決定，因此便無法移動。奇怪的是，解放奴隸的儀式有時也會在交叉路口舉行。8

在考古紀錄中，車輛載具的證據比道路和造路的細節證據更難見到。

輪子是連環漫畫《遠方》(*The Far Side*)和卡通《摩登原始人》(*The Flintstones*)熱愛的主題，在這兩部作品裡，輪子通常是用石頭胡亂鑿成的，但在人們眼中，輪子被視為人類的重大發明之一。跟火一樣。或切片麵包。

但其實，輪子在史前時代出現的時間相對較晚，是在銅器時代出現於美索不達米亞與歐洲。考古證據顯示，輪子約莫是在西元前三五〇〇年左右發展成形，而且材質是木頭而非石頭。不久之後，我們便在美索不達米亞的書寫紀錄中找到許多輪子的證據，例如鐫刻在陶瓶表面的圖像，或東歐與中歐出土的輪車黏土小模型。從德國北部弗林特貝克（Flintbek）一座長墳丘下方挖掘出土的車轍，為考古學家提供了另一個線索，將輪子發明的時間回推到西元前三四〇〇年左右。

從約莫西元前三三〇〇到三二〇〇年間，我們在俄羅斯與烏克蘭大草原名為「庫爾干」（kurgan）的墳塚下方，發現保存至今的小型木製車輪，在瑞士與德國阿爾卑斯山區的酸沼和湖泊裡也有發現。[9]

輪子出現的時間相對較晚，是因為輪子其實很複雜。輪子是由不同的移動零件和承重零件以複雜方式組合而成，包括要有一條能支撐車體的車軸。這些零件必須精準組裝：太緊不會轉；太鬆會搖晃。

輪子推動重大進展，包括輸送先前只能藉由水路有效載運的重物：木材、陶土、人類和動物的食物、動物本身，以及動物的獸皮。當然，還有人類。

輪車勢必對人類移動帶來了天翻地覆的改變。想想，頭一次看到牛車滾滾而過會是何等場面。或者，當頭一批戰車由馬匹拉動，載著揮舞長矛或發射箭矢的戰士奔馳而過，又是何等壯觀。

英倫三島最早的車輪證據來自銅器時代中後期，西元前一三〇〇年左右，有少數殘片保存在水澤地的遺址，例如彼得波羅附近的佛拉格泥沼地（Flag Fen）和劍橋附近的科坦罕（Cottenham）。迄今為止，最大且最完整的出土車輪來自馬斯特農場——我們先前提過，那是東英格蘭泥沼區保存得最為完善的遺址。馬斯特農場的木輪可回溯到西元前一〇〇〇年左右，直徑一公尺，可能是雙人車輛的一部分。車輛是用三塊大木板和兩個木頭支架組裝而成。中間有一根橡木車軸。

幾百年後，在鐵器時代中期的墓地，特別是東約克郡，也發現陪葬的戰車和馬車。這些車輛通常都是拆卸整齊，堆放在墓中的死者身旁，推測是死者生前備受珍視的高貴財物，準備在來世繼續載運死者。位於約克郡丘陵山腳下的波克林頓（Pocklington），最近挖掘出一輛完整的豎立馬車，車主躺在馬車裡，身下是他的盾牌。更驚人的是，墓穴裡還有兩匹直立馬的骨骸，看起來彷彿正在拉動馬車。馬匹是死後才埋入墓穴（有段時間以為牠們是遭到活埋），約莫在屍殭開始出現時被擺出跳躍姿勢，彷彿正拉著馬車和主人奔向天堂。挖掘時，馬的頭骨已消失，牠們的頭部很可能是以某種詭異姿勢露出地面。

駕車旅行帶來獨特的移動方式。它開啟了大片地景供人造訪，以及充滿選擇與機會的新世界。窩在我們自己的汽車泡泡裡，可能會有一種與世隔絕之感。但沒有任何移動能全然超脫、自外於途經的地景。路面的顛簸與迴旋對汽車和駕駛人造成的影響，就跟過往的任何馬車一樣。

人類在道路上始終是脆弱的，無論危險是來自動物、其他人或其他威脅。有段時間，行路人的一大恐懼是攔路劫匪，而內燃機造成的傷害則比較慢顯現，例如有毒廢氣、氣候變遷，以及高速碰撞那瞬間的危險。今日，對我們大多數人而言，開車上路很可能是我們做過最危險的事。我對這點深有體會。或許你們也是。

這不令人驚訝，就在我們建造實體道路的同時，我們也建構了日益複雜的法律、規則和成文規範以資遵循：也就是為內行人制定的編碼訊息，一如我們在其他時期看過的那些訊息。除了正式法規，還有非正式的。道路就跟其他任何社會空間一樣，我們會在穿越時有意或無意傳遞出各種訊息。比如汽車是財富、時尚、風格、舒適、安全或性競爭力的耀眼展示（請自行略去不相關項目！）。[10] 比較刻意的訊息傳遞包括用怒按喇叭或將手伸出車窗做出無禮動作，或我認為更常見的：用閃燈讓路和舉手致意來表達善意。

很可能自古至今，道路使用者都需要遵守某種正式或非正式的規範。

興築道路是政治行為。住在道路預定地附近的民眾經常強烈反對，擔心汙染、噪音、危險，以及特定的動物棲息地遭到破壞。與此同時，開發商則會積極遊說政府興建更多道路。在我撰寫此章的同時，一場長期爭議再次爆發，焦點是和巨石陣周邊道路以及該如何繞過巨石陣有關，在這個熱烈交鋒的戰場上，似乎兩邊都沒意識到，那條道路本身也有它的歷史脈絡，就跟那些史前古蹟一樣，也是從地景中發展出來的。

對考古學家而言，修建道路代表有寶貴的機會可發現考古遺址。我的考古經驗就是在道路計畫和其他開發案與基礎建設中累積起來的。其中之一在威爾特郡，我們發現了人類最早先祖的罕見證據，很可能是海德堡人（*Homo heidelbergensis*），時間約可回溯到三十七萬五千年前。這些證據包括數十件完好無損的燧石手斧，以及一種體格較小的現代馬近親的骨頭，這些動物在獵捕後遭到屠宰。在位於東倫敦的另一項道路計畫裡，我挖掘出一段保存在泥炭裡的青銅時代木製小徑，是久遠之前在利雅河（River Lea）附近的沼澤區形成的。在一條現代道路的興建過程中發現一條古老小徑；三千五百年的人類移動在此碰撞。

步道、小徑和馬路雖然明顯與移動相關，但歷史學或考古學卻常常將它們視為被動的靜態文物。對我而言，道路絕非無生命的存在。道路對我們的影響一如我們對它們的影響。道路聚集我們，引導我們沿路而行。

第14章 流動：與擺渡人同行

本章談論河流提供不同的移動方式，以及城市以河流為導向

道路到了某一點，就必須跨越河流。這類窄點，無論是碼頭、渡口或橋梁，都是絕佳的聚集場所，迫使人們聚在一起，打造出獨特的社交空間。

渡口（ford）在英國境內的河流隨處可見，許多今天依然存在，有一些的實體留存至今，另一些則存在於地名的尾詞中。「Bedford」（貝德福）、「Stratford」（斯特拉福）、「Hertford」（赫特福），諸如此類。「Twyford」（特威福）意指該處有兩個渡口，這種情況在英國有幾處。「Stanford」意指用石頭蓋的渡口，「Oxford」（牛津）則告訴我們兩件事，其一是該處曾經是河流渡口；其二是在此渡河的動物是牛。我個人偏愛以「wade」（「涉水」之意）收尾的地名，例如貝德福郡的「Biggleswade」（畢格斯韋德）或肯特郡的「Iwade」（艾韋德）。對渡口而言，「涉水」一詞堪稱鮮活淋漓、身歷其境的描述。名實

相符，童叟無欺！

至少從古羅馬時代開始，這些河水較淺的地點偶爾會鋪上礫石或石板，提供堅硬表面，讓人腳、獸蹄與車輪慢慢通過。河水太深無法涉過之處，可借用纜渡（cable ferry）或擺渡人之力，這些都有明文的歷史記載。

渡津之地的戰略價值在《盎格魯撒克遜編年紀》（*Anglo-Saxon Chronicle*）中便有所記錄，該書收錄了九世紀到十二世紀各種手稿的副本。在一張強而有力的圖像中，我們看到西元九〇六年，盎格魯撒克遜人的國王「長者愛德華」（Edward the Elder）與東安格里亞與北安布里亞（Northumbria）的丹麥人國王在馬背上展開會談，地點就在分隔雙方領土的界河中央。[1]

史前時代，人們約莫是仰賴渡口淺灘和踏腳石越過狹窄水道。我們也能想像，會有某種史前渡船橫越較寬的河面。另外，有充分證據顯示，自青銅時代起還有另一種過河方式：橋梁。

在倫敦距離後現代風格軍情六處（ＭＩ６）大樓不遠的沃克斯豪爾（Vauxhall），有處灘頭在泰晤士河水長年的沖刷下，露出一排排平行木樁。一九九三年，這些柱樁首次受到注意，經過持續的監測後證明，它們的時間可回溯到青銅時代，曾經是一座高架步道的支柱。這座人行步橋跨越部分河面，連接當時位於泰晤士河流中央的一座礫石小島，再從小島通往彼岸。在白金漢郡的多尼（Dorney）也發現類似的木樁，是另一座橋梁的殘跡，根據紀錄，該座橋梁曾跨越泰晤士河的一條舊河道。在南安普敦（Southampton）郊外的一處營造基地上，也挖掘出青銅時代中期的橋梁殘跡。這些都是英國最早期的已知橋梁。

渡口和橋梁將地景聚合，將人與動物匯集到單一地點跨越水道。[2]這裡是社交活動密集的交易重地，為過往的商人小販提供好整以暇、接觸旅人的機會。難怪這類地點經常發展出聚落，變成城鎮的基礎以及道路輻合之處。從中世紀開始，有些都市的橋梁上便蓋滿了住家和商店，兩端甚至橋梁本身（如果空間足夠）還設有市集。

控制橋梁就能控制道路。控制道路就能控制使用者。當然，控制的過程不總是平和無波：想想一〇六六年，哈羅德國王（King Harold）與挪威入侵者在斯坦福橋會戰（Battle of Stamford Bridge）的交鋒。到了中世紀後期，歐陸上的橋梁都設有防禦工事，不列顛的防禦閘門則是設置在橋上或附近。

橋梁和道路一樣，也在大眾意識中成為強而有力的隱喻，是介於極端對比（生與死；善與惡）之間的模糊空間，提供讓人跨越惡水的安全通道，以及駭人心魄的門檻

（故事裡常有惡魔妖怪藏在橋底下）。這種曖昧模糊讓橋梁與交叉路口一樣，被賦予深刻的精神意涵。

橋梁的過渡性經常吸引隱士在橋旁安身。自十四世紀以降，隱士愈來愈常負責橋梁維護，用他們得到的捐獻和抵押來支付費用。有時，隱士還會自己動手修復。畢竟修橋鋪路都是虔誠的工作，可讓朝聖者持續前行。達特福（留意地名末尾的「ford」）華特林街（Watling Street）跨越達倫特河（River Darent）的地方，是坎特伯里朝聖路離開倫敦後的第一站，至少從十三到十六世紀，該處一直有一名「渡口隱士」（顯然是不同人）。該名隱士會引導民眾跨越河流，步橋興建之後，隱士就負責為修橋募款。

到了十四世紀，凡是對造橋修橋有所貢獻之人，經常能取得贖罪券。橋梁禮拜堂在整個中世紀不停興建，並且會在清晨舉行彌撒，讓旅人祈禱完再上路。橋梁禮拜堂會建在橋上，橋的一端或一側，偶爾也會蓋在河中小島上。[3]

在漫長的時間裡，渡口本身會隨著河流改道、橋梁崩塌和新橋落成而搬遷或廢棄。這又會進一步轉移和重組周圍的道路網，有時還會讓仰賴先前路線與交通的聚落衰敗凋零。前面提到的畢格斯韋德就是一例。一條中世紀初的道路直接通過該城鎮的市集，在一處渡口跨越）（地名中的「wade」因此而來）。但後來，約莫在十二世紀，北邊不遠處興建了一座石橋，於是當地的交通徹底重組，並波及到城鎮的部分地區。舊路廢棄，新路落成。[4]類似的情況也在今日上演，每當市鎮周圍蓋了可繞道的旁路，店鋪和其他公司行號就會因為失去過路客的生意而受影響。

到目前為止，我們的焦點都擺在陸地旅行。但河流並非只是必須跨越的障礙。它們在我們的腦海中流淌，一如在我們的地景中蜿蜒，提供我們地方之感與記憶之源，從河岸嬉戲到野溪泅泳皆是如此。河流打造疆界，形塑我們的世界。許多村莊、教區和郡縣都是以河流為界，無數的「巡行勘界」紀錄都訴說了這點。河流分隔人們，卻又吸引我們以及尋找水源的動物禽鳥靠近。於是，河岸變成了聚集之所，這在考古學中清晰可見。[5]

人們會順應河水的流動；河水的力量為移動提供了軸線：位於上游或下游，會讓某一方向比另一方向移動起來更輕鬆。自古至今，鄉鎮與城市都會根據河的流向決定方位。河的流向催生出市鎮的節奏、身分與社群。隨便舉個中古城市為例，在倫敦、約克或其他地方，你都會看到，河川與它的支流都曾決定主要道路的方向，可能與河流平行或垂直。而這也影響了街道與房屋的模式，後來的下水道系統也會與河川整合。產業會被吸引到河邊：水產業者在河裡設置魚堰和魚筌，砍蘆葦和製籃子的業者則在河邊就近取材。在遠離房舍、靠近水源之處，還可看到發臭的製革廠、釀酒廠，以及嘈雜的磨坊和鍛造廠。

河流是神聖地理學的一部分，有無數信仰河精與河神的例子，也有人談論河流的神聖地位和超自然角色。恆河和雅木納河被印度人奉為神明，而且理由充分——它們提供賜與生命的淡水、灌溉北印度平原，並吸引數百萬民眾參加大壺節慶典。以色列的約旦河是早期基督徒藉由洗禮獲得新生的地方。

河流與湖泊因為維繫生命而受人崇敬，但不可測的力量與深度也為它們染上恐怖與神祕色彩。在早期基督教文學的描述中，水體往往蘊藏著巨大危險，水上之旅是對信仰的嚴酷考驗。[6]過去，河流也經常用來處理屍體，至今在某些國家依然如此。河流是賦予生命之源，也是收容死亡之所。

在英國史前時期，水廣泛用於各種清潔與淨化儀式。如我們先前所見，新石器時代的圓形圍場與河流存在著某種連結，英國主要的史前遺址都有河流經過，並非巧合。在泰晤士河沿岸的許多地方，都發現大量沉積的中石器和新石器石斧，倫敦西邊的幾處寬廣河灣尤其密集，這項傳統一直貫穿金屬時代，並在後期歷史中有所迴響。[7]由於缺乏書寫資料，我們無法確知為何要將石斧沉入河中，但或許就跟古羅馬人將硬幣拋入河中安撫河神的理由一樣——跟我們將硬幣丟入水井或其他水域許願，也沒多大差別。

河流這種水的天然通道，在人類與科技的流動上發揮了重要作用。在潮濕多水的環境，水道變成了高速公路。在過往有關史前時代長距離移動的討論中，山脊路一直受到最多矚目，但現代人極為熟悉的河流角色和河上交通，卻備受忽視。在運河與鐵路出現之前，河流是運輸貨物最主要的通道；英國史前時代的人類、動物和原料都是沿著河流、河口和沿岸移動，並跨越英國周遭的海路，促成物品和思想的流通。河流提供了全國範圍的長距離接觸網，深入到這塊土地的大部分地區，它的影響範圍無疑被低估了。

置身水上，會帶給人不同的時間體驗，因此，水上旅行似乎有它自己的時區。對先前只有步行經驗的人而言，水上行旅想必會讓他們覺得所有地方似乎都變近了。

舉一個具體案例：史前的獨木舟划行者。我們先前提過，在彼得波羅附近的馬斯特農場，曾挖掘出一個銅器時代的聚落（和一只輪子），另外也出土了九艘圓木船隻。這些獨木舟是用單根樹幹挖鑿而成，出現在一段史前河道上，而那條河流曾經蜿蜒過劍橋郡泥沼地的部分區域。在平坦的泥沼地景中，這類圓木舟船非常適合步調緩慢的河流之旅，可以划槳而上或撐篙而下。

這類史前時代晚期的獨木舟在其他地方極少發現實體證據，全英格蘭也只有寥寥數例：約莫十餘艘銅器時代的獨木舟或碎片，鐵器時代的數量也差不多。儘管數量稀少，但這些船隻的存在還是提醒我們，史前歐洲的水道很可能繁忙熱絡、充滿活力。

第15章 天候：天空與四季

本章討論天氣變化與四季流轉如何錘鍊我們的生活，改變我們的移動

本書討論的所有移動，都不是在中性的天空下發生。天氣時而炙熱，時而寒凍。有霧有霾，有雨水有風暴。這些都會影響移動的方式。世事運行在萬變的天候之下。

當我們花點時間記住這點，就更能洞察我們先祖的移動：我們能看出，下雪時巴黎的漫步大概會停止；喬叟筆下的朝聖者會明智地等到四月才從倫敦出發，朝坎特伯里走去；而冰人奧茲在冒險翻越提羅爾山脈時，肯定仔細思考過他的衣著。

你逃不開天氣的手掌心——它無所不包，無時不在。天氣為路徑帶來變數。洪泛道路或雪封隘口，都會大大影響人們的移動方式。天氣改變了光線與溫度，也轉換了路徑的質地和紋理。

然而，在考古學裡，幾乎沒有人談論季節或天候，特別是史前時代的季節或天候。

因為無視這些事，我們就能有效抹去生活經驗上的一切差異，彷彿過去的種種都是發生在不受天候影響的均質日子裡。我們甚至很少去認知日夜，或太陽在天空的移動路徑。這很奇怪，因為考古學家就跟園丁一樣，有大量時間都在戶外度過，而且要經歷各種天候變化。進行田野工作時，我們都變成了觀察天候的專家，對逐漸趨近的雲層滿心著迷，還想要預測下一場暴雨的降臨時間。

老實說，在考古學裡，天氣就跟移動一樣，很難捕捉。我們只能想像史前先民瞇著眼睛、用手遮擋太陽的模樣。我們追蹤不到痲木的雙手、龜裂的手指以及流淚的瞳眸。但我們知道，這些事情肯定發生過。

順道一提，天氣變化與氣候變遷不同，考古學可以記錄甚至經常記錄氣候變遷。[1]天氣是比較瞬間的現象——一陣疾勁山風，或一道輕微海風。

要解決考古學裡的天氣盲點，值得認真考慮天氣在我們生活中的體現和體驗，不僅是奇異的天候事件，還包括日常天氣，然後將它套用在考古紀錄中。舉一個我們自身的天氣體驗案例，想想初雨香氣（petrichor）帶給人的喜悅，那是雨水打在溫暖、乾燥泥土上所散發出來的氣味。「petrichor」一詞源自希臘文的「*petra*」，意指石頭，而「*ichor*」在希臘神話裡，是神的血液。初雨香氣是我們**能**從石頭中汲取血液的明證。美麗的事物需要美麗的詞彙。而有什麼詞能比「psithurism」更美妙？那是樹葉在風中沙沙作響的溫柔低語。對在戶外花費大量時間的考古學家來說，這些詞語能讓我們以更深刻的感受去體驗我們正在探索之地。

人們體驗天氣的方式與理解天氣的方式並不相同，但兩者都會形塑人在地景中移動的方式。俗話常說，過去是發生在「不同的天空下」。其實不然！我們是生活在同一片天空下，儘管氣候不同，我們感受到的天氣也跟前人一樣，雖然他們對天氣的理解可能與我們有異。駐守在哈德良長城上的古羅馬士兵，當然會感受到天氣的影響。西元一、二世紀寫在木片上的書信就證明了這點，書信是從文多蘭達（Vindolanda）挖掘出土，那是哈德良長城的輔助性要塞，位於赫克珊（Hexham）附近。其中一封談到必須忍受「麻煩的」暴風，另一封寫給長城駐兵的信件告訴收信人：「我寄給你……數雙襪子……和兩條底褲。」寒風確實習慣從這些部位鑽進外袍裡。

有時，天氣或溫度的「考古紀錄」會藉由地名寫入地景，例如威爾斯西南部的「Cold Blow」（字面意思為「冷風吹」），或德比郡（Derbyshire）燈籠尖丘（Lantern Pike Hill）附近聽起來很有趣的「Windy Bottom」（字面意思為「受風丘底」）。北美洲有許多和天氣相關的地名，包括德州的「Sunnyvale」（燦陽谷）和「Seabreeze」（海風），以及明尼蘇達州的「Breezy Point」（微風岬）和「Good Thunder」（好雷霆）。不過，我們可仰仗的當然不限於地名。我們從鱈角（Cape Cod）沉積物中取得的考古證據顯示，在西元第一個千年期間，曾有超級強力的颶風襲捲新英格蘭。

我們不禁好奇，古人究竟是如何理解那些風暴、雷鳴、閃電、雲朵、彩虹和令人屏息的壯麗夜空。可以把月亮比擬成照亮黑夜的伴侶，將星辰想像成一路同行的夥伴。但除此之外，其他現象又要如何解釋呢？

史前社會是否跟莎士比亞一樣，會將天氣當成隱喻，藉此表達熱情、動盪或不祥之感？新石器時代的神話是否也會有類似《暴風雨》裡的呼嘯狂風，或《羅密歐與茱麗葉》裡提到的悶蒸熱氣？天氣是希臘、羅馬和北歐神話裡的一大要素，是諸神喜怒無常的徵兆。在某些澳洲原住民社群眼中，彩虹是惡毒的大蛇，但對其他族群而言，彩虹蛇（Rainbow Snake）卻是造物者——當彩虹蛇現身天際，表示牠正從某處水坑移往另一處水坑。據說，六世紀的愛爾蘭修士聖高隆（Columba，我們後面會再提到他）有能力控制風，而這自然被視為來自神的恩賜。直到去世之前，聖高隆都住在蘇格蘭的愛奧納（Iona）小島上，該島素以暴風聞名；愛奧納外海的一座無人島，至今仍被稱為「暴風島」（Island of Storm）。

和地景一樣，天氣也承載著多重意義——在考古學討論中很少提及——有時被視為神意的展現（壞天氣通常被視為神的懲罰），有時則是由個人的記憶和心情所建構（或許是季節性的情緒失調所引起）。[2]

除了歷時短暫的天氣，我們也必須將四季流轉的節奏考慮進來。白晝會延長和縮短，日光會增強和減弱，旅途也會因此有長短變化。季節主宰了往日生活。[3]春天改善了行旅條件，往日社會於此時再次踏上旅途，一如我們看到的朝聖之旅。在中世紀，春天也是王室貴族打獵、放鷹和比武的時節。英文的三月（March）一詞，源自羅馬戰神馬爾斯（Mars），軍事戰役在冬季的短暫休息後又重新開打。在古羅馬曆法中，三月是新年的第一個月，羅馬的聖火會在這個月重新點燃。

夏季是適合行旅的好天氣，白晝悠長，道路乾爽。我們行經的世界在春夏兩季更為茂密，也更為繁雜。雖然林間小徑會長滿雜草，但夏天還是旅行的最佳時光。走筆至此，我留意到，這些論點似乎都和農業社會有關。那麼，對新石器時代的狩獵採集者而言，春夏兩季又代表著什麼呢？

風調雨順的好天氣會增加食物的種類和數量，吸引動物遷徙並從冬眠中甦醒，人類也需要不同的狩獵和採集策略。對某些古人而言，這意謂要增加流動性，但對其他人則剛好相反。以現代的狩獵採集族群而言，春夏兩季往往是生育、採集和儲存物資的季節；是替未來做規畫和準備的季節，以便因應可能的壞年冬。我們在本書一開始看到中石器時代狩獵採集者於塞汶河口濕泥中留下的足跡，在夏季的暑熱中乾燥龜裂。還有，萊托利的「腳印凝灰岩」上布滿了細小的雨滴印痕。有足跡和天氣的痕跡。

當河流與湖泊在冬季結凍時，一種新型移動方式就此展開。[4]從倫敦和約克出土的中世紀和後中世紀骨製冰鞋，見證了人們在結冰的泰晤士河或烏斯河（Ouse）上滑冰——或更正確的說法：滑行——的樂趣。類似的冰鞋也在其他地方出現：例如比利時與荷蘭。這些冰鞋大致是用牛馬細長的脛骨製作而成，底部往往因為使用的關係而磨平了。一條皮帶將冰鞋與鞋子綁在一起，皮帶穿過冰鞋上的鞋孔、纏到腳上。滑冰者雙手抓住木桿，將金屬製的桿尖戳進雙腿之間的冰面，藉由推拉在冰面上移動。

我剛開始從事考古工作時，在倫敦市沼澤門（Moorgate）附近的一處遺址，挖掘到許多中世紀的骨製冰鞋，遺址位於一棟準備拆除的辦公大樓地下室深處。當古羅馬時代的城牆繞著當時的倫敦興建完成後，牆外的土地因為排水不良而變成水鄉澤國。這種積水情況貫穿了整個古羅馬時期，甚至延續到中世紀。根據書面記載，在十二世紀末的寒冷冬季，今日稱為沼澤場（Moorfields）的這塊地區會整個結凍，變成遼闊的滑冰場，供中世紀的倫敦人在上面滑行。我挖掘到的那些冰鞋，就是他們嬉戲玩耍的考古鐵證。

乍聽之下，這類冰鞋穿起來可能痛苦又笨拙，但在現代滑冰場所做的實驗顯示，它們的滑行效果好得出奇。中世紀編年史家描述人們穿著冰鞋高速滑行，甚至還能表演八字形花式。我太欣賞那些充滿實驗精神的考古學家，還試圖重現這項活動。我滿懷深情地想像他們時而滑倒、時而飛馳、時而摔個四腳朝天，一如法國奧杜貝爾山洞穴更新世晚期的狩獵採集者那樣。

對農業社群而言，季節更是具有攸關生死的重要性。如同我們先前看過的，無論是史前時代或歷史時期，高地與低地之間，以及濕地與乾地之間的季節性移動，都是年度循環的一部分。史前時代後期，英國與愛爾蘭各地興建了不少重要建築，對應一年當中某些特定時刻的天象事件。巨石陣就是最知名的例子，對應了夏至與冬至的日出和日落——一年中白晝最長和最短的日子，在年軸轉動進入新季節的這兩個時分，太陽似乎暫停了移動（至日「solstice」一詞源自拉丁文的「*sol*」和「*stitium*」：靜止的太陽）。愛爾蘭的紐格蘭奇古墓（Newgrange）、奧克尼群島（Orkneys）的梅肖韋古墓（Maeshowe）、昆布里亞（Cumbria）的卡塞里格（Castlerigg）和長梅格與她的女兒們（Long Meg and Her Daughters）石陣圈，也是如此。北約克郡的桑伯勒（Thornborough）圓形圍場似乎和獵戶座的腰帶有關。

這些重要建築物是天景與地景的交纏。夏與冬，升與落，太陽和其他星體的運行恆久不輟，並內建在重要建築與人們的生活之中。

我們知道史前人類會仰望天際。內布拉星象盤（Nebra sky disc）是現存最古老的天際描繪之一；那是一只青銅圓盤，上面鑲有金箔，直徑略超過三十公分，重量約莫兩公斤。製造和使用時間大約在西元前一七五〇年到一五五〇年的青銅時代。金箔塑造出一系列星體的模樣：有太陽或一輪滿月，有一輪新月和星星，包括昴宿星團（Pleiades constellation），也就是我更熟知的七姊妹星團（Seven Sisters）。昴宿星團屬於曆星——會在三月消失於夜空，在十月重新出現，標誌出季節的流轉。星盤邊緣有一道弧形凹槽，可能是彩虹，或神話中載運太陽神穿越夜空的駁船——也就是我們先前提到的太陽馬的黑夜版本。星象盤兩邊的金線代表夏至與冬至，也就是說，這只星象盤同時包含了天文與神話知識。

這件非凡文物的發現過程也不同尋常。一九九九年某個炎熱的夏日午後，兩名非法的金屬探測愛好者（盜墓者）在德國薩克森—安哈特邦（Saxony-Anhalt）內布拉附近的密特堡山（Mittelberg）發現這只圓盤，還有數量龐大的劍、斧和臂環等寶物。兩人將文物從它們的地下安眠處拖出來，放進其中一人的「衛星」（Trabant）汽車後座，載回家中，在浴缸裡用洗碗精和鋼絲絨清洗。（如果你有機會自行清理古文物，切勿使用這種方式！）這批文物的價值顯而易見，很快就銷售一空。這項發現先是在盜墓者圈內流傳，接著擴及古物經銷商，最終連博物館圈都知道了，包括星象盤在內的那批寶藏幾經易手，價格水漲船高。這批文物最終落到瑞士所有人手中。二〇〇一年，消息傳到新獲指派的州考古學家赫拉德．梅勒博士（Dr Harald Meller，如今是一名傑出的博物館策展人）耳中，刑事調查就此展開。

二〇〇二年，星象盤再次售出，這次是賣給一家博物館，售價高達七十萬英鎊。梅勒博士同意在巴塞爾（Basel）一家飯店與賣家碰面。這場景簡直像是約翰．勒卡雷（John le Carré）的小說而非考古學，總之雙方碰面後，當賣家拿出青銅器連同銷售合約，瑞士警方隨即上前逮捕。文物歸還給德國。嫌犯提出一些絕望而詭異的辯詞，先是宣稱星象盤對他們施了魔法，然後指控梅勒博士是徹頭徹尾的瘋子，但最後還是遭到起訴。[5]

也就是說，這只星象盤的確在最近一段時間輾轉移動了很大一圈。但我發現更有趣的是，它本身的製造就體現了遠古時代的移動。星象盤描繪了天體的移動，編碼了一套曆法，彰顯出廣泛的天文知識；除此之外，它的金屬工藝也訴說出不知名手藝人的小規模移動：小鎚子輕輕敲擊在金箔上，圓盤擺在手中或小石砧上轉動，用拇指摩娑擦拭，然後舉到眼前仔細端詳。製作材料也經歷了較大規模的移動。黃銅來自奧地利薩爾斯堡，黃金部分來自羅馬尼亞。錫和剩餘的黃金很可能是從遙遠的康瓦耳一路飄洋過海而來。不僅如此，同位素分析還指出康瓦耳的一個特定地點：材料裡的部分黃金似乎是從卡農河（Carnon River）裡淘洗出來的，該條河流因長久以來開採金屬導致河水嚴重汙染。

現代世界投入許多努力要將天氣的不便、四季的變遷以及它們對各種地景的影響降到最低，同時在過程中讓人類歷史改頭換面。但直到今日，我們還是會受到真實世界的影響，包括它的所有歡樂和危險。沒有哪裡的地景是一塊空白石板，移動從來不是抽象的。移動總是變化多端，而隨機應變正是身為人的一大特質。

第 5 篇

英雄旅程

第16章 時代長征：跨洲越洋

本章的主題是英雄遠行和文物遷徙

遙遠地平線的誘惑是一股強大力量，在全世界催生出許多最偉大的故事。在希臘神話以及隨後的許多故事中，英雄們在遠行四方之後，帶回更睿智的自己。奧德賽斯（Odysseus）歷經二十年的冒險，返鄉時一身破衣，還隱藏了國王身分。就本質而言，他的傳奇與晚近的小哈比人比爾博・巴金斯（Bilbo Baggins）的冒險並無多大不同。這類故事都是描繪所謂的「英雄旅程」，在我們的意識中占有重要地位——且似乎向來如此。[1]

過去也充滿英勇旅人和他們的傳奇。在中世紀歐洲，各

行各業都有人自願遠行。我們已經看過朝聖者，他們走遍歐洲大陸的所有聖堂，還飄洋過海前往聖地耶路撒冷。十字軍東征期間，這類遠行達到新的高度，我們看到千萬民眾不分階級，都在陸上移動；而那些「行腳不息的朝聖者」（*peregrinatio perpetua*）在他們追尋上帝的道路上，並沒有固定的世俗目的地。他們在流浪中尋找自我。「*peregrinus*」這個字最初的意思就是「foreigner」（外國人）：朝聖者是永遠的異鄉客。

商人當然也馬不停蹄，有時甚至遠赴相隔天涯的異國他鄉——例如維京人便利用絲路網絡穿越今日的俄羅斯，進入伊斯蘭世界。傳教士、高階使者、外交官和大使這些人的足跡也遠遠超出基督教世界。

十三世紀的法蘭德斯方濟會（Franciscan）傳教士盧布魯克的威廉（William of Rubruck）花了兩年時間前往蒙古帝國首都哈拉和林（Karakorum），拜訪大汗的宮廷。幾十年後，威尼斯商人馬可・波羅（Marco Polo）以長達二十四年的時間跨越蒙古帝國，在今日的中國會見忽必烈，還造訪了波斯、印度、日本以及南亞和東南亞的其他地方。但中世紀最偉大的旅人，非伊斯蘭學者伊本・巴圖塔（Ibn Battuta）莫屬。一三二五到一三五四年間，他都在行萬里路，足跡遍及歐洲、部分非洲、大部分亞洲，甚至去了馬爾地夫群島，在那裡住了一年半，娶了四名妻子和好幾位侍妾，爾後棄她們而去。

這些旅人經常遊歷未知之地，或近乎未知之地。他們的旅程並非以幾碼或幾哩衡量，而是以數月、數年計算，過程中飽受身體之苦與各種風險。旅途無法保證成功抵達，甚至無法保證人能否活下來。在古代，旅行往往會招來一身疾病。其實「travel」（旅行）這個英文字本身，就是源自十四世紀代表勞苦的字眼，這點也表現在今日意指艱辛、煎熬的「travail」一詞。長途旅人需要立下遺囑，或至少要知足常樂、與世無爭。

不管從任何角度看，這些都是非凡壯舉。如果成功，精神和經濟上的報酬都很可觀：耀眼珠寶、辛濃香料、閃亮布疋與轟動傳奇。

旅行的一大誘惑是擺脫社會束縛、追求自由或自我實現的可能性。另一個理由是尋找愛情或追隨愛人。但好奇是人類天性，這種天性驅使人飄洋過海、長途跋涉。可能是為了想看見轉彎後的風景，或翻過山頭後的天地。也可能是盼望理解異國的生活和習俗。

這又讓我們想到人類遠行的另一個原因，人類學家瑪麗．赫姆斯（Mary Helms）指出：人類不辭千里追尋知識——習俗、歌謠、故事、工藝，或外國人的聖書。從遙遠他鄉取得深奧知識，可為旅人贏得威望與名聲，而這個光環也可能經常是用來追求政治和宗教目的。[2]

在許多神話和故事裡，都可看到睿智異鄉人或遊方匠人的身影。想想戴達魯斯（Daedalus），他為傳說中的克里特島米諾斯國王（King Minos）建造奇蹟般的建築，包括那座著名的迷宮，然後揮動蠟製翅膀飛走了。在下一章我們會看到，旅人如何傳授包括最基本的農耕和冶金在內的技藝。我敢斷言，史前時代許多偉大發明也是旅行的成果。

旅行帶回的文物，常給人奇異珍貴之感。這些物品被標上舶來品的身分，因異國情調而顯得特別，還散發出該趟旅程的氣息。

努力取得的辛苦過程往往會增加這些文物的效力和價值，並因此賦予其象徵意義。如同赫姆斯指出的，來自遠方的他國之物因為罕見的異國情調而得以在王宮中展示。例如，送入皇家動物園的北極熊，或獻給教皇的犀牛。它們也可能取得神聖地位，用於儀典之上：例如乳香和沒藥在上古地中海世界就是祭司使用的油膏和薰香。[3]

蒐集深奧知識和異國文物的本能並非皇家專屬。那也是我們大多數人的天性。十九歲的我充滿冒險精神、渴望漂泊，童年的旅行經驗和令人窒息的學校生活驅使我獨自離家、踏上旅途。

我花了一整個夏天在蓋威克機場（Gatwick airport）打掃飛機，直到我賺夠可以搭飛機的錢為止。我在尼泊爾一所小學校教了五個月英文以換取食宿，然後在印度晃遊了六個月。我繞著這個廣袤國家走了一圈，直到返回起點。離開熟悉的環境本就足以令人興奮，而印度的混亂與豐富、炙熱與塵土，更是帶給我在故鄉無法想像的強烈感受。我因而充滿活力。

在我看來，我是在開路拓荒。當然，我知道這不是真的，因為我遇到一堆打扮類似、享有特權、正在進行空檔年壯遊（gap-yearing）的年輕人。但這確實是**屬於我的**英雄旅程。

將近一年後我返回故鄉，告別了我的青少年歲月，跟所有旅人一樣，我發現自己返回的故鄉已經變了。但故鄉對我經歷的改變漠不關心。我爬過喜馬拉雅山的山麓小丘，我騎著駱駝穿越沙漠，我在叢林裡披荊斬棘，乘船遊過喀拉拉（Kerala）的世外水鄉。但回到故鄉後，生活卻依然如故。家人很開心見到我，卻沒對我的改變刮目相看。

考古學家很容易以通論角度去理解古人，因為我們「看」不見真實個體。但每個個體都是以不同方式去體驗自己的人生，無論路途多平凡，對個體而言都是某種「英雄旅程」，我常提醒自己將這點牢記在心。我一再重述自己的旅程，愈講愈長，愈講愈誇張。我就這樣帶著自身版本的異國犀牛度過大學時代，總是穿著花花綠綠的鬆垮褲子和涼鞋，直到某個寒冷刺骨的威爾斯冬季迫使我穿上襪子和包鞋為止。

我們在考古紀錄中發現，過往的人會長途跋涉到某一源頭去蒐集、開採或挖掘原料，再不遠千里帶回住處。這些地點本身往往都很重要，但旅程也是。原料的價值和力量與旅程的價值成正比。[4]

考古紀錄顯示，許多具有強大效力的珍貴文物都會經歷長距離的運送。我們先前提到，在薩莫塞特斯威特棧道旁邊出土的新石器時代拋光玉斧頭，就是一個例子。我們在不列顛與歐洲各地找到許多類似的玉斧頭，並能追蹤到它們的一些旅程。有一種從太空探索借用過來的新分析技術，可藉由岩石吸收特定波長光線的方式來衡量岩石的礦物組成，繼而找出那塊岩石的來源，精準程度往往可及於特定露頭。透過此法，我們得知那些玉石出自義大利阿爾卑斯山：杜林（Turin）西南方的維佐峰（Monte Viso），以及熱內亞（Genoa）上方的貝瓜峰（Monte Beigua）。製造者必須爬到兩千公尺以上的高度，才能開採到這種罕見石材。開採下來的玉石塊先用斧石敲掉薄片，並輕輕捶打出大致的斧頭輪廓，然後經過長時間的打磨拋光，讓斧頭呈現出發光的綠色和玻璃般的清透。這些玉斧頭是儀式用的禮器而非日常工具。類似的製程也可在新石器時代研磨拋光的綠石斧頭上看到，其石材來自英格蘭北部的昆布里亞，分布地遍及不列顛和愛爾蘭各處。綠石的產地是英國湖區的大朗岱爾（Great Langdale），特別是高聳且不易到達的史蒂科峰（Pike of Stickle）。要攀登到該處露頭然後將綠石開採出來，需要耗費相當大的心力，如此大費周章並非出於功能考量，而是它具有重要的象徵意義。

這些難得之物有時會穿越千里，例如上述玉斧距離它的源頭長達一千八百公里，物品經過了多人之手，並在旅程中被反覆塑造、一再打磨。每把斧頭都有自己的故事，自己的傳記。在我最近聽過的一場演講中，曾參與玉斧頭研究的考古學家艾麗森・謝里登（Alison Sheridan）說得很好：「來自遠方魔法山脈的綠色寶藏。」這些貴重物品漸漸變成備受珍惜的傳家寶，幾百年來代代相傳，直到後來被埋入地下，且往往會先經過刻意破壞。[5]

我是在挖掘馬登圓形圍場時理解到這點。在這座巨大遺址的一角，出土了一柄破碎的昆布里亞綠石斧頭。製作年代比馬登圓形圍場早了約一千年，在新石器時代的大部分時間裡都處於流通狀態。最後不知何故，以破碎狀埋入了馬登圓形圍場。也許是被當成祭品，也或許是為了控制斧頭具有的力量。這柄斧頭承載了它走過的旅程，每處破損與碰撞都為它的傳記增添一筆。它講述了一則故事；也可能是許多故事——可惜今日全都失傳。

在其他地方，例如澳大利亞的原住民群體，他們會長途跋涉或透過貿易取得遠方的石頭或赭土，即便當地就有類似材料也一樣。旅途讓材料擁有更強大的象徵力量。[6]移動賦予意義，並寫入文物中。文物透過流通與交換，漸漸遠離起源之地。文物被捲入自身的行旅之網，隨著它們被交易、餽贈、偷竊、遺失和尋回而在縱橫交錯的人流中漂移。[7]在一次次的易手過程中，文物代表了人與人之間的義務和依賴，記號和連結。它們在某些地方停留的時間長過他處——安放在架子上、在博物館的櫥櫃中沉睡，或被埋入地底，直到被再次挖出，一如內布拉星象盤，然後帶著更豐富的故事重新流轉。

流動性對文物的改變幅度不下於對人的影響。但文物也能聚集人群、吸引人群。想想知名的藝術品，例如梵谷或塞尚的畫作，想想它們吸引人群前來觀看的力道。比較大規模的文物，例如巨石陣這樣的遺址也能發揮同樣效果。我們也曾看到，中世紀的大眾如何跋山涉水，只為瞻仰某座大教堂和修道院裡的聖髑。這些都是具有動員力量的強大文物。[8]

這些文物穿越時間與空間，變成跨世代的集體記憶庫，變成血脈相承的傳家寶。它們成了祖先的遺物、記憶的文物，擁有讓歷史變慢的力量。[9]回頭看時，我們可藉由這些遺落的文物找到返回過往之路，一如糖果屋故事裡的那對兄妹，靠著一路扔在森林裡的小石子找到回家之路。

第17章 單程：路途與根源

本章探討遷徙如何造就我們的世界，並持續影響我們的未來

在我踏上英雄之旅的三十年前，漫遊癖將我父母拉在一起。

我父親是飛機工程師，最初任職於皇家空軍部隊，後來轉到商業航空公司服務。母親原本是倫敦蓋伊醫院（Guy's Hospital）的護士，但醫院的嚴肅環境令她備感束縛，於是母親心生叛逆，轉行成為空服員，在高空中尋找自由。一九六〇年代是飛行的黃金歲月，這種新型態的商業移動方式讓世界變得更加緊密。

父母在同樣的飛機上工作，分別擔任空服員俗稱「飛行板手」（flying spanner）的飛行工程師。兩人一起看世界，經常要服務由阿富汗到沙烏地阿拉伯麥加的「朝聖班機」（Hajj flight）。

這對飛行情侶踏上兩人的愛情朝聖之路，最後結婚並共組家庭（我在三名子女中排

行老二），但仍保持四海逍遙的生活，先後住過馬來西亞、斐濟，然後帶著我們這些空中兒童搬到賽普勒斯、印度、香港和中國。離鄉背井或許有，但不曾覺得不似「在家一般自在」（at home）。

母親離開得早，但一生過得相當充實，八十幾歲的老父親目前定居在西班牙。不過，我對「定居」的解釋十分寬鬆，因為儘管美國公路之旅的日子已成往事，但他依舊旅行衝勁滿滿。我確信，他得了某種漫遊癖（dromomania，源自希臘文的「*dromos*」：「奔跑」或「跑道」之意）。

並非所有旅行都是雙向的。並非每個人都曾踏上歸途。五月花號（*Mayflower*）的朝聖者永遠定居在美洲殖民地，隨後幾個世紀、數以百萬計的歐洲移民亦然，他們先是搭乘遠洋郵輪，之後改乘飛機。他們或許曾回頭看，但未曾往回走。

這類移動並非總是特權。無數的非洲奴隸被賣到美洲的種植園工作，從未返回故鄉。英國罪犯也在違反自身意願的情況下被送到美洲，獨立宣言之後，改成送到澳洲。

同樣的，英國和愛爾蘭的孤兒與窮人家的孩子也被送到海外，充當契約勞工。

而這些自願或非自願的遷徙，又讓千百年來在那塊土地扎下根基的社群失去了家園。

十九與二十世紀，全球遷徙的數量增加，並在第二次世界大戰爆發後達到驚人規模。許多人因為人權迫害逃離家園，或在東歐的疆界重劃之下發現自己流離失所。還有一些人抱著最後一絲謀生的希望，踏上遷徙之途。

從一九四五年到一九六〇年代，數以萬計的民眾從愛爾蘭、東歐、義大利、馬爾他、賽普勒斯、印度、巴基斯坦和加勒比海移居英國。英國政府鼓勵他們投身基礎工業，從礦業到紡織業到醫院——擔任醫生或護士，更常見是擔任搬運工、鍋爐工和清潔工。與此同時，則有大量英國人離開家鄉，搭乘從南安普頓和利物浦出發的船隻，前往澳洲、紐西蘭和加拿大追求新生活。這類移民還可加上遷往西伯利亞的俄羅斯人、移居南非的荷蘭人，以及逃往台灣的中國人。[1]

總而言之，遷徙打造出我們生活的現代世界，並繼續形塑這個世界。新聞裡充斥著移民消息，無論是逃離某些可怕事件（饑荒、迫害、戰爭、貧窮、氣候變遷）、受到某些事物吸引（更好的報酬和前景、填補技術短缺，或追求美好生活的普遍夢想），或以上皆是。

比較不為人所知的是，遷徙也打造了古代世界。遷徙過程不曾停歇，只是在不同地方與時代以不同的速度進行。

德文有個詞專門用來描述西元後第一個千年裡歐洲的遷徙情況：「*Völkerwanderung*」，民族大遷徙。當時的移動包括倫巴底人（Langobards）遷徙到義大利，阿瓦爾人（Avars）遷徙到匈牙利平原。維京人離開斯堪地那維亞前往格陵蘭，說日耳曼語的族群在西元五、六世紀跨越北海、進入不列顛南部和東部，因而形成紛繁多樣、語言不一的人口組成。中世紀早期的文獻，例如六世紀修士吉爾達斯（Gildas）的書寫、八世紀貝德（Bede）的《英格蘭人民教會史》（*Ecclesiastical History of the English People*），或九世紀的《盎格魯撒克遜編年史》（*Anglo-Saxon Chronicle*）等，都記載了盎格魯人、撒克遜人和朱特人（Jutes）抵達不列顛的時間。

更早之前，多元族裔的古羅馬帝國就是由大規模的移動和遷徙所形成。古羅馬帝國的疆域涵蓋哈德良長城到北非，從萊茵河到幼發拉底河的範圍，而且不出意料的是，有數量龐大的民眾在疆域內廣泛移動和遷徙。事實上，政府也鼓勵大家這樣做。士兵從帝國各地徵募，並派駐到不同地區，許多就在當地安家落戶、撫養後代。行政官員、商人、婦女與孩童遊走四方，他們離開原生故鄉，到外地開創新生活。我們從書寫紀錄和墓碑銘文中得知，來自衣索比亞和敘利亞的士兵駐紮在哈德良長城，而當時的重要城鎮都成為來自地中海和更遙遠地區的民族大熔爐。包括銘文、墓葬品和人類遺體等考古證據也為這類多樣性與移動性提供了壓倒性的明證。

那麼，更早之前呢？在漫長的史前時代，人們行旅不絕，在遼闊廣袤的世界裡定居。早期的遷徙浪潮顯示，在數百萬年的時間裡，人數持續在非洲內部移動，並進入歐亞大陸。其中包括我們所屬的智人：在距今不到十萬年前，智人開始離開非洲，踏上兩百萬年前我們的直立人近親跨越世界的路徑。[2]

這些移動留下獨特的基因印記，儘管持續的交雜混融導致這些印記不容易解讀。這個研究領域稱為基因考古學（archaeogenetics），近來在古代DNA的提取和測定上有了驚人突破，這些突破類似我們先前看過的同位素分析，挑戰並改變了考古學對過往的詮釋。

我們每個人的基因裡都包含了眾多祖先的資訊：是一部人口全史。基因考古學家可藉由研究這些資訊確認祖先人口的基因組成，並觀察擁有不同祖先歷史的人群如何湧入。他們發現，基因組合迥異的人群交互混融，是人類史上反覆出現的一大特徵。[3]基因考古學與考古學、比較語言學和同位素研究攜手合作，正在徹底改變我們對古代移動的認知和研究。

到目前為止，基因考古學帶來的最大衝擊，是我們對史前時代晚期的理解。基因考古學家已經確認了歐洲一連串劃時代的遷徙浪潮；這些浪潮逼迫在地人口大規模離鄉背井。這是一個快速發展的科學領域，研究摘要還來不及出版就已經過時。（就在我寫下這段文字的此刻，學界剛剛宣布，他們又發現一波史前移民的新浪潮，這次是發生在銅器時代中期到晚期，大約相當於輪子和馬匹引入不列顛的時間點。我聽說，更晚期的進一步發現也即將獲得證實！）以下我會把焦點集中於兩波遷移事件：一波發生在銅器時代初期；另一波更早，是在新石器時代伊始之際。

較晚那次發生在青銅時代初期，青銅文化以造型獨特的鐘形杯陶器聞名，形狀肖似上下倒放的鐘。這些陶杯在燒製前，會用繩子在柔軟的陶土上壓印出圖案。它們看起來十分優雅。我家壁爐上就放了一個複製品。對我而言，它看起來很現代，美感甚佳。

鐘形杯文化的紀錄遍及歐陸各地，西元前二五〇〇年稍晚擴展到不列顛，在考古紀錄上代表與先前新石器時代的明顯區隔。事實上，鐘形杯時期是石器時代與銅器時代的轉捩點。我們在鐘形杯時期首次看到金器和銅器這兩種金屬製品（青銅是稍晚之後的發展）。鐘形杯時期也代表人類埋葬死者的方式發生重大轉變之際，從火葬轉變成土葬，埋在圓形丘塚下的個別墓穴裡。這意謂在文化上以及在世界觀和來世觀上有了更深層的變化。

換言之，我們早就知道鐘形杯時期標記著一次重大變革，但我們不知變革從何而來。是因為人口的擴散？或只是想法和貴重物品的擴散？

古代DNA研究已經證明，鐘形杯文化是由歐亞草原的後裔帶入不列顛，而我們先前提過，歐亞草原也是最早將馬用於騎乘的地方。青銅時代之前，不列顛的古代DNA中並沒有草原祖先的痕跡，在此之後，就變得相當豐富。

證據顯而易見：新石器時代晚期，有一股龐大的移民浪潮從東方湧入不列顛，導致大規模的基因翻轉，也就表示有大量的新民族移入。這波遷徙對基因與考古都造成劇烈且恆久的衝擊。[4]

有位古人比其他人更能向我們展示這波移動的種種情狀。

首先，想像一下以下場景：二〇〇二年五月初週末三天連假前的星期五，威爾特郡巨石陣東南方五公里外的阿美斯伯利（Amesbury）小鎮。考古學家跪在地上，用手和鏟子仔細清理一塊已經被挖土機鏟平的地面。這裡預計興建一所新小學，考古學家要搶在動工之前，以專業眼光在地表上搜尋考古痕跡。當時已知這塊土地上散布著一些重要的考古遺址，至少有兩座古羅馬墓地。其中一座在他們動工之前已經開挖，另一座估計不會受到工程影響，所以保留在地下。考古學家在新小學的基地內發現兩處略不尋常的跡象，彼此相隔三公尺。可能是古羅馬墓塚：或許是其中一處墓地的外圍墓葬，但必須加以挖掘，否則它會受到工程破壞。兩座古羅馬墓塚而已，對週五而言是相對輕鬆的工作，畢竟週五就是所謂的「詩人日」（POETS day，'Piss off early, tomorrow's Saturday'「早點滾蛋，明天星期六」的首字母縮寫）。考古學家有充足的時間挖掘、記錄，然後早早下班，迎接三天的週末連假。可惜事與願違，因為那不是普普通通的古羅馬墓塚。它們甚至不是古羅馬時代的東西。事後證明，那是歐洲地區最重要的兩座青銅時代鐘形杯文化的墓葬。

明白這兩座墓塚的重要性後，考古學家在安德魯．費茲派崔克（Andrew Fitzpatrick）的指揮下，將每一片考古遺物分別裝袋、標記、登錄，直到所有工作完成才離開基地。這處遺址太過重要，不能半途離開，尤其接下來是三天的週末連假；更何況，已經有些路人聽到謠言，說那塊基地挖出了黃金——消息傳得很快，特別是小道消息。考古學家從白天工作到深夜，利用手電筒和汽車頭燈照明。他們終於在凌晨兩點大功告成。

多虧這次挖掘和考古學家的傑出表現，我們更加了解這個重要的過渡時期，也能述說這些墓塚的故事。兩座墓塚中比較富有的那座，曾經有人在地下用木頭搭建出一個靈柩室，但木頭如今全都腐朽消失。墓穴上方曾覆有土墩，但早已剷平。靈柩室內有一具保存良好的男子骨骸，年齡介於三十五歲到四十五歲之間。他以左側躺姿入葬，雙膝曲起，宛如胎兒。右臂彎曲，觸碰對側肩膀。在他四周，包括他身上和靈柩室內，都有大量物品，是迄今為止在不列顛出土的青銅時期墓葬中最富有的一座。這些陪葬品裡包括他來生可能用到之物，例如一整套燧石和鹿角工具——鹿角可能是要用來敲擊燧石；一枚漂亮的鹿角製斗篷別針；以及一整套生火工具。他有三把紅銅刀具，身邊放了五只鐘形杯時期的陶罐。5

他的前臂上有一隻石製護腕，有時稱為腕甲，是弓箭手用來防護弓弦反彈的裝備。旁邊還放了一隻備用護腕。身邊共有十七枚精緻美麗的倒鉤燧石箭頭；原本連接在箭頭上的木製箭身已不復見。這些弓箭可能是像葬禮花朵那樣丟進他的墓穴，藝術家珍・布雷恩（Jane Brayne）在有關這處遺址的精采漫畫書中，對此有生動的描繪。這些射箭裝備很快就為他贏得「阿美斯伯利弓箭手」（Amesbury Archer）的稱號。

他很可能是一名弓箭手，因為骨頭分析顯示，他跟「瑪麗玫瑰號」上的長弓手有類似的骨骼變化。骨頭分析也指出，他的左膝蓋骨不見了，那是重傷導致，那次傷害想必讓他留下嚴重殘疾，左腿很可能無法伸直。

不過，對我和許多考古學家而言，墓室裡的金工製品顯然更加重要。墓室裡，在他的骸骨後方有一小塊黑色拋光的枕石，是用來敲打銅片和金片的攜帶式鐵鉆。在他前方有兩小塊捲曲的金片，形狀像小籃子。學者認為那是耳環或髮飾，也可能是衣物上的裝飾品。除了先前提過的紅銅刀具外，還有四顆野豬獠牙，推測與金工製作有關，可能是要用來打磨和拋光金屬物品。

這位「阿美斯伯利弓箭手」的年代可回溯到西元前二三八〇年到二二九〇年間，也就是巨石陣那些混濁砂岩矗立之際，他是不列顛第一波新金工浪潮的工匠之一。墓室裡的銅刀和黃金飾品是英國目前已知最古老的金屬加工品。對我而言，他應該稱為「阿美斯伯利金匠」（Amesbury Metalworker）。這些文物在在凸顯出他的工匠身分，一如其他文物也彰顯出他的弓箭手身分。當然，從他墓塚的富麗程度可看出他地位不凡，位列菁英階層。

我提過那處工地有兩座墓塚。另一座也屬於青銅時代，但不如前者華麗。這裡埋葬了另一名年輕男子，約莫快三十歲。他的死亡時間比「弓箭手」晚了一兩代，古代DNA顯示兩人並非近親；頂多是表親，或曾祖父與曾孫。他也有一對籃子狀的金屬耳環或髮飾（目前還無法確定究竟是什麼），也有一顆野豬獠牙，如同前面所述，可能與金屬加工有關（這點也尚未有定論）。

考古學家結束「阿美斯伯利弓箭手」及其墓友的研究工作後，隔了一年，又在一條新水管施工前進行挖掘，出土了另一座精采墓葬，位置在不及一公里外的伯斯孔丘（Boscombe Down）。這座墓穴同樣以木頭襯裡，形成靈柩室，但裡頭埋的不只一人，而是有九位死者：一具完整的成年男子骨骸，周圍有其他八位不同年齡死者的散架遺體，包括成年、青少年和一名嬰兒。陪葬品有八隻鐘形杯和一系列箭頭。這次沒有黃金，但箭頭為這群死者贏得「伯斯孔弓箭手」（Boscombe Bowmen）的稱號。學者認為這是某種家族墓園，遺體似乎是在一段時間內陸續埋入。最早一具約莫是在西元前二五〇〇到二三四〇年間，早於「阿美斯伯利弓箭手」。最後一具的死亡時間介於西元前二三三〇到二二〇〇年。

不過，這則故事還有另一個篇章。我們先前提過，食物和飲料的同位素標記會固定在你的牙齒琺瑯質和其他骨頭中。學者也對「阿美斯伯利弓箭手」、他的墓友和「伯斯孔弓箭手」做了相關分析。「阿美斯伯利弓箭手」的前臼齒（童年初期形成）和第三臼齒（青少年初期形成）的氧同位素分析結果相同，顯示他是在歐陸長大成人，地點在西阿爾卑斯山區，該區在當時已經有成熟的金工技術。經由他的古代DNA分析確認，他的父系祖先源自於草原游牧民族。他是一位移民。他墓友的同位素分析，呈現出不同結果，他的第二前臼齒表明他出生在威塞克斯的白堊丘陵區，但第三臼齒的分析結果卻有些奇特：九到十三歲間，他住在不列顛以外的地區，極有可能是「阿美斯伯利弓箭手」長大成人的那個地區。儘管他是在威塞克斯鄉間出生和死亡，但他與祖先之地仍有連結，童年時期曾在那裡住過幾年，也許是由親戚撫養。這項發現提醒了我們，當時的移動是複雜且多向的。

「伯斯孔弓箭手」的分析結果較不明確。許多人的出生地並非威塞克斯，可能是不列顛或愛爾蘭的某地，甚至是歐陸。最早入葬的幾位可能來自威爾斯或昆布里亞。不過，從出土的文物、墓葬的性質，以及悠遠的年代來看，在在透露出與歐陸之間的聯繫。

我們從這些墓塚得知青銅時代初期的故事。當然，這只是少數人講述的故事，而且這類故事會因地區不同而有所差別。但「阿美斯伯利弓箭手」和他的鄰居恰巧也將基因考古學正在發展的故事濃縮其中。他很可能是在阿爾卑斯山出生、長大。接著他踏上旅途，也許是沿著萊茵河往北走，渡過英吉利海峽，但更可能是一路向西跨越法國，抵達大西洋沿岸。他莫約是搭乘皮革船渡海，或是早期的木板縫合船（sewn-plank boat，我們很快就會看到這類船隻的更多案例）。一如常見的情況，我們知道故事的開頭和結尾，但關於中間過程卻一無所悉。我們不知道他的膝蓋是在何時受到重傷，但他很可能是以殘疾之身走完這趟旅程。我很想知道，對他而言，此行具有什麼意義？

他確實是一位旅人，而且是翻山越嶺、飄洋過海的長途旅人。他是一名金匠；一名遊方匠人。是他那個時代的戴達魯斯。他擁有取得這項知識的特權。知識帶給他地位。他隨身攜帶的材料也跟著上路旅行，因為它們來自不同地方。例如，製作刀具的紅銅來自伊比利半島和法蘭西，枕石和他的一隻護腕則來自歐陸的某處。部分黃金來自歐陸，其餘來自康瓦耳。這些物品被賦予何等價值？有怎樣的身世，又經歷過哪些旅程？

這些人是新浪潮的一部分，與先前的新石器時代無關。他們的祖先與世系可向東牽連到大草原。他們掌握不同的材料與科技，擁有風格獨具的陶器，行事作風截然迥異。

我提過，基因考古學家已經確認了，有另一波更早的遷徙浪潮。那波遷徙與新石器時代的人群有關，這些人的DNA在很大程度上被「阿美斯伯利弓箭手」之類的後來者取而代之。

我們再次看到，考古學家早就指出，在中石器時代的狩獵採集者與新石器時代的農民之間有一條涇渭分明的楚河漢界。我們在中石器時代看不到動植物的馴養和栽種，看不到大型的紀念性建築。但自西元前四〇〇〇年以降，我們在不列顛發現種植穀物、犁田和生產乳製品的證據。新石器時代的不列顛人會改造地景，有時也興建規模龐大的紀念性建築物。考古證據同樣顯而易見，但直到最近，我們還是無法確定這只是想法和物品的擴散，或是人群本身的移動。考古學家為此爭論了幾十年，兩派理論各有各的狂熱支持者，與此相關的研討會議經常在雙方聲嘶力竭的叫囂中結束。

古代DNA再次改變了一切。這項證據不容置疑。中石器時代與新石器時代這兩個人口群體在基因遺傳上並不相同。中石器人口的源頭是最後一個冰河時期結束後擴散到全歐洲的族群（稱為西方狩獵採集者〔Western Hunter-gatherers〕），而不列顛新石器時代的人口則是帶著源自安納托利亞（Anatolia，今日土耳其）和近東地區的祖傳基因前來。也就是說，流動的不僅是想法和物品，而是人群本身的移動，而且數量龐大。

他們靠步行與乘船移動。他們帶來想法和不同的行事風格，他們帶著穀物和牲畜定居在他鄉異地。他們的移動改變了歐洲的基因組成——與歷史。6

到了新石器時代尾聲，西方狩獵採集者的血統在不列顛已消失殆盡，取而代之的是安納托利亞的後裔。

這表示，我們當中沒有任何人能真正宣稱中石器或新石器時代的先民是我們的祖先。沒有人有資格聲稱，我們和巨石陣的建造者有關。這讓我們看到，祖先血統的「純粹性」有多荒謬。遺傳基因告訴我們，根本沒有種族這回事。那是一種幻覺，是我們自我催眠的故事，好讓我們深信，我們的地位與身分息息相關，而且不應改變。

這並非否認人口當中存在不同的社會和文化群體及差異，因為這類差別與多樣性也很重要。不過，要請讀者試想一下，自人類在三百五十萬年前將腳印留在坦尚尼亞以來，有何其多的大遷徙在人類有史之前和有史以降的各個階段不停搬演。有充足的理由可以相信，諸如此類的人口變遷貫穿了整個史前時代；從舊石器時代便已經開始，隨著一波波源自非洲的遷徙浪潮，跨越了難以想像的時間尺度。

人們總是在移動，總是在新的區域落腳，總是填補著世界各地的空白。

這類遷徙有些無比重要，一如我們先前所見：那改變並引入了基因、語言、創新、科技、藝術、宗教和物質文化。但大多數無關緊要——對參與的個體自然是無比重要，只不過對整體人口或考古紀錄幾乎不構成衝擊。綜上所述，古代DNA和考古學證明了人類持續外流，流向四面八方，形成一個盤根錯節、多樣交織的基因與文化之網。

人類存在的模式和多樣性正是拜數千年來人們的移動和混融之賜發展而成。人人都是外來者，是外來者的後裔，而我們後代肯定也會如此。我們都是移民。基因庫總是處於攪動、混合與交疊狀態——因為我們行不止息。

古代DNA的分析解決了許多疑惑，但也提出了新問題。例如：何種遷徙為不列顛帶來農業和（稍後的）鐘形杯文化？那是小規模或大規模的人口移動？是成群結隊或各自上路？他們是自由冒險家、契約移工或難民？是驅逐、流亡或遷徙？

由於缺乏書寫紀錄，我們無法明確回答。但我們剛剛提到的青銅時代遷徙，未必和暴力有關。事實上，線索恰好相反，移民中的女性比例和男性一樣高。也就是說，並沒有入侵的戰士團體，也沒有社會遭到壓制或毀滅的感覺。他們是流浪者而非入侵者。許多考古遺址和紀念性建築儘管有所轉化，但仍持續使用。或許這些帶有草原血統的民眾一開始只是填補較少人居住的地區，花了好幾代的時間才逐漸擴張。考古學家也在那個時期找到瘟疫病原體的證據，因此推測，草原民族可能帶來了一波傳染病，跟南美洲征服者的情況類似：傳染病造成當地人口銳減，進而促成移民的擴張。一如想法、創新和物品，每當人群移動，疾病便會踵繼而來。

那麼新石器時代呢？同樣沒有衝鋒陷陣的入侵移民，更多的是歷時好幾千年世世代代的緩慢流散，逐漸往新地區擴張。在某些時代、某些地方，的確發現暴力遷徙的考古證據，但在其他地方似乎進行得較為平和——是一種填空。

我們不知道所有答案，但我們可以認可這些問題背後的難處。遷徙就跟所有的移動一樣複雜糾葛，並非遵循單一模式。移民並非都是同一面貌；他們來自不同背景，擁有不同的技能和資源。如同我們前面看到的，動機可能混合了推力與拉力。最重要的是，是否決定將遷徙付諸行動而不只是紙上談兵，以及要採取哪條路徑，這些會依據年齡、性別、婚姻狀況以及是否有子女而有所差別。

遷徙的速度同樣因人而異。逃離衝突或迫害之人，會帶著絕望的心情快速移動，而那些有時間也有選擇的群體，則會慢慢移入新地區，也許還會返回故鄉將家人接來。

身為考古學家和歷史學家，我們經常得試著說明這種複雜性，但同時也要提醒自己，真實情況可能根本不符合我們最「合理的」解釋。

例如：從事後諸葛的角度，決定遷徙、決定將自己從故鄉連根拔起，前往一個全然陌生的地理環境和文化社會，似乎不同於本書提到的其他行旅形態。這看起來像是深思熟慮的決定，決定要開創新生活、決定與過去一刀兩斷、決定變成「異鄉人」——變成不屬於這裡也不屬於那裡的外人。但其實遷徙未必是他們的本意，許多遷徙之人原本是打算返回故鄉的。[7]

但就算他們真的返鄉了，他們也會是外人，因為他們錯過太多日常生活和特殊事件，可能再也無法重新融入。而融入與否正是遷徙的一大難處。畢竟人性渴望歸屬。

但差異也可能激發恐懼，這點取決於移民來自何處、他們的經濟地位、他們講的語言、他們吃的食物和穿的衣著。人們害怕移民帶來怪病、偷竊、搶工作。反移民的情緒和政策如今是充滿政治色彩的話題，在敵對觀察家的筆下，移民根本不是人——比動物或殭屍好不到哪裡去，只會成「群」「入侵」。類似的情感貫穿整個歷史時期，而史前時代約莫也相不去遠。[8]

在最理想的情況下，遷徙對各方而言都是具有顛覆性的創造過程，都是一種文化融合，全方位讓生活與文化變得更多樣：包括藝術、音樂、文學、語言、烹飪、基因和想法。這種遷徙能造福更廣大的社群。生活變得混融交雜，更加流動。[9]

遷徙不僅對離鄉背景者是一大轉變，對他們周遭之人也是。每個人都變得有些「身處他方」。遷徙雖然將人們區分開來，並彰顯出差異，但遷徙也提供了團結的機會，將人們與社群牽繫在一起。當遷徙發生時，離鄉背井之人會擁抱自身的外人地位，擁抱他們的「異族性」。他們可利用自己的根源和路途，利用自己的來處和所經之地，藉以創造出某些東西。

在過去，前往新土地的旅程會將同行之人繫連起來，讓他們有機會更加了解自己、認識彼此；這樣的旅程漸漸變得理想化。但如同我們即將看到的，那是因為這類遷徙的確是英雄的旅程。

第18章 航海：跨越時間之洋

本章我們將一探狂野凶暴的跨洋歷史，並在這趟同行之旅的尾聲道別

一九九八年春天，在天地海交會的諾福克海濱霍姆村（Holme-next-the-Sea）附近，當地人約翰．洛里默（John Lorimer）外出到海灘上尋寶。他發現一些未曾見過的東西：幾塊木頭從最近因為海水侵蝕而暴露出來的淤泥中突伸出來。

他反覆回去看了好幾次。對那些顯露出來的木頭仔仔細細觀察了好幾回後，他與諾里治的城堡博物館（Castle Museum）取得聯繫。館方派人過來查看。起初，調查員表示，那是中世紀魚筌的殘跡。但同一個地方還發現一把四千年前的青銅斧頭，又該麼解釋？無論那處遺址有何作用，它的年代肯定比中世紀古老——古老多了。

在考古學家的悉心研究下，事實漸漸浮現——那是一座保存異常完好但十分脆弱的青銅時代木環圈。

由於該處遺址正遭到快速侵蝕，英格蘭遺產委員會同意出資全面開挖，將這項瑰寶移出。這個任務一點也不輕鬆，因為處於潮汐帶的關係，一天只有幾個小時可以挖掘，而且得耗費大部分時間先將水排掉吸乾，才能進行真正的考古作業。

這處遺址還承受額外的壓力，因為在地居民和新異端信眾（neo-pagans）反對挖掘，甚至曾經占領遺址。抗議的原因在於，他們不希望將這件古蹟從它原本的神聖地點移開。但眼下的選擇非常清楚：一是移開它，二是失去它，因為海水的侵蝕勢不可當。

這次挖掘吸引了考古期刊關注，隨後又受到全國媒體報導，這座木陣圈很快就有了「海木陣」（Seahenge）的稱號。海木陣除了名字源自巨石陣外，也跟巨石陣一樣，根本不是真正的「henge／圓形圍場」（讀者可能還記得，所謂的「henge」是指由一道帶有內溝的土堤圈圍起來的場地），而是由五十五根密集排列的橡木柱所形成的橢圓形，其中許多木柱被小心翼翼劈成兩半，圈圍出一塊最長直徑約莫七公尺的空間。木柱本身一度高達三公尺。日前，我在廣播節目中聽到考古學家暨藝術家蘿絲．菲拉比（Rose Ferraby）用「怪獸露出獠牙的大哈欠」來形容這座高聳的環圈，環圈正中央是一株大橡樹的樹樁，重達兩公噸半。當初是用忍冬編織而成的繩子將樹樁拖曳到位。奇怪的是，這根樹樁的擺法頭下腳上，也就是說，將剝了皮的樹幹插進土裡，消失不見，而讓樹根在地上散開，宛如迷你樹冠。自然秩序顛倒易位。

樹輪年代學（dendrochronology，樹輪定年的科學）告訴我們，這些橡木是在同一年砍伐：精確而言是西元前二〇四九年春夏之交，也就是青銅時代初始之際。我們知道這是一次集體建造的結果，因為木頭上還可見到的斧痕顯示，這些橡木的砍劈和加工至少使用了五十一把不同的斧頭。也就是說，至少有五十一人參與其中，人數很可能多上許多。附近還發現了第二座木環圈。這座環圈的年代相近，但尚未挖掘。[1]

今日，要理解這些木環圈並不容易。但對我而言，他們除了暗示自然世界的反轉之外，也意謂某種歡慶。歡慶什麼呢？它們是興建在當時的鹽沼區上。那裡靠近大潮潮位最高之處，而大潮是由更大的引力作用所造成——那是一塊臨界過渡的閾限之地，是陸與海的邊界。

海洋，以及飄洋過海的行動，塑造出我們所知的世界。海洋驅使我們做出壯舉，我們生活在海洋四周，生活在它的島嶼之上，在它的淺灘與海岸上嬉戲，我們掠奪海洋，在海洋上戰鬥，並無數次穿越橫渡。海洋貫穿我們的生命。海洋狂野無序，但我們使之成為生活的核心，於是海洋代表了廣袤無邊的連通走廊。海洋是真正的流動。

文字歷史上充滿了這類故事。西元前十世紀和九世紀，腓尼基人造出複雜船艦，在莫加多（Mogador）與泰爾（Tyre）之間貿易紫色的骨螺染料。後來，古羅馬人憑藉海軍創建出龐大帝國；海軍讓他們有能力遠征異域，運輸大量貨物來養活日益茁壯的帝國，包括穀物、葡萄酒、橄欖油、鹽漬魚，以及名為魚醬（garum）的調味料。

到了古羅馬帝國尾聲，既有的連結系統崩潰，新的體系隨之發展。大型划船在那個時期的北海地區可能相當普遍，夫里西安人（Frisians）以船隊形式航行，從事奢侈品和銅合金錠的貿易。

歐洲最知名的航海者是諾斯人（Norsemen），包括男女兩性，他們的故鄉是斯堪地那維亞的沿海區域。諾斯人世世代代過著航行四方的貿易生活，到了八世紀下半葉，在這個流動性特別驚人的時期，他們開始航向更遠的異域：往東沿著絲綢之路，往西抵達不列顛、愛爾蘭和格陵蘭，甚至早在哥倫布很久之前，便航行到後人口中的北美洲。

維京人的大船採用羊毛編織的單面方帆，可以由划槳隊靠著單純的蠻力推動。他們用船隻載運獸皮、皮草、海象牙，以及來自東波羅的海的琥珀等奢侈品，出海尋找貿易對象。他們經常以家庭為單位踏上航程，男人、女人加小孩可能在海外待上數月甚至數年，並建立起貿易和通信網絡、設置營地和商業中心。暴力是維京人的日常，當時大多數人皆是如此；他們也會四處搶掠、蹂躪聖地、殺死或奴役所遇之人。不過，考古學與更深入的歷史研究所呈現出的維京人樣態，倒是與流行文化中橫衝直撞的憤怒野蠻人大相逕庭。在這些資料中，他們是商人、外交好手和殖民者，在東起俄羅斯和土耳其，西至加拿大東岸的廣袤天地，穿梭出複雜細緻的貿易和探險網絡。我們可以在考古紀錄中看到這點，比方從中國絲綢的殘片到印度的紅玉髓珠，或是來自今日巴格達和聖彼得堡的銀幣。我們也可以從維京人建立的貿易重鎮得到印證，這些地方蓬勃發展，吸引了來自各地的熟練工匠，他們的出身從愛爾蘭的都柏林到英格蘭的約克，從俄羅斯的諾夫哥羅（Novgorod）到烏克蘭的基輔都有。[2]

同類的海上活動——從戰爭到朝聖，從商業冒險到海盜、私掠與販奴——在維京人之後的千百年間持續形塑這世界。繁忙的海上活動讓海洋不可避免變成了訊息高速公路，那是新聞與情報交換的重要途徑。古羅馬世界有完善的郵政系統，其中便包括郵船，因此，蓋烏斯．凱撒（Gaius Caesar）西元四年死於安納托利亞南部的消息，只花了四十天就傳到比薩（Pisa）。一七六〇年，英國喬治二世駕崩的消息，只花了六週便跨過大西洋傳到北美殖民地。幾年後，美國獨立戰爭的細節和最新消息，以同一旅程的相反方向傳遞到翹首等待的倫敦報章。一八六五年，林肯總統遭暗殺的消息，十二天後就出現在英國報紙上。[3]

遼闊的海洋是無拘無束也無法預測的領域。它吸引我們又推開我們，宛如自由與危險的潮起潮落。海洋擁有無法估算的力量，令人心生景仰又滿懷恐懼。即便前人已經走過，但要跨越這片一望無際的鹹水，還是得承擔巨大風險，因為水上移動了無痕跡，沒有路徑可以遵循。我們可能不禁好奇，要有多少代人的冒險犯難，才能累積出最基本的航海知識？

一如徒步旅人對土地了若指掌，海上旅人也學著理解海水的顏色，理解光線與聲音在海面上的反射與反彈。他們解讀海鳥的路徑、觀察波浪與海流、預測潮流與潮汐，一如徒步旅人解讀動物的足跡、留意植被和地形。他們觀察天體星象，藉此判位導航；他們熟悉風雲變幻，藉此理解天候。他們深諳季節規律——知道何時會吹哪種風，何時不會。他們還得掌握海岸形態和變動不止的沙洲，才能讓船隻安全靠岸。海上旅人如果想存活，就必須對海洋**有感**。而要學會這些教訓，得付出多少人命為代價？

海上旅人不僅要了解實務操作，還必須知曉與出海相關的儀式和宇宙觀，而這類知識多不勝數。自古以來，凡是學會並膽敢從事海上行旅之人，都能取得特殊地位。他們不同於只能在陸上移動之人。我們可以從自中石器時代至今留下的遺物中看出這點，魚叉、魚戟、漁網、魚鉤、魚線，還有船隻本身——這些都是某個特定群體用來表達社會身分的具體證據。即便到了今天，水手還是喜歡彰顯自身的與眾不同，無論是透過刺青或特殊的服裝、語言、歌謠等等。他們的日常節奏不同於常人，並非由晨昏決定，而是由潮汐或魚群的移動所主宰。各式各樣的航海者，無論是史前旅人、中世紀漁夫、維京探險家或十九世紀的捕鯨人，都有獨樹一格的身分認同，這種認同將船員們聚集在一起，共享海上旅程，以及從中誕生的故事。[4]

然而，即便對深諳海性之人，海洋依舊是危機四伏、無法控制之地，大海變化無常又詭譎萬端。關於這狂野之境的一切，都在嘶吼著你不該置身其上。難怪許多文化深信，冥界就位於水的另一端。事實證明，除了太空之旅這個可能的例外，再無其他環境對人類生活的挑戰能超越海洋。因此，一次成功的跨洋之旅就是卓越非凡的成就。

這種神聖特質藉由傳說和聖經故事傳達出來——約拿被鯨魚吞入肚中竟然還活了下來，而耶穌平定了暴風雨。在諸如此類的故事啟發下，古代有不少聖人也曾乘船出海，有的是想測試自己能否在水的狂野下堅守信念，有的則是想傳播神的教義。他們登上小船出發，將信仰交到主的手中。對遊方修士而言，大海是漫遊之地，是追尋自我認知和救贖之所。海洋是他們的沙漠。[5]愛爾蘭修士聖高隆就是其中之一，他最後於西元五六三年定居在赫布里底群島（Hebridean）的愛奧納小島上，在這個神聖隱密之地建立了一座修道院。

聖高隆的海上行旅或許也承認了這點：海岸標誌著已知與未知之間需要被跨越的那道界線。

與海的連結可能很深遠。船象徵海，也代表跨越海洋的旅程，人們賦予船的意義遠超過它們的功能用途。我們先前看過，馬匹拉著太陽神馳越天際，但我們也在某些故事中聽過，太陽神在夜間搭乘船隻穿越冥府。事實上，船隻經常被使用者視為活物。船隻被賦予能動性，能從它們經歷的旅程中吸收知識和經驗。

我們可以從不列顛鐵器時代初期的魯斯卡爾（Roos Carr）木製小雕像中窺見一二。這五尊赤裸的史前雕像模型是一八三六年一群工人在挖掘水溝時，於地下兩公尺處發現的，地點位於東約克郡荷德內斯半島（Holderness）上的威瑟恩西（Withernsea）附近。雕像的時間可回溯到西元前六〇〇年，以紫杉木為材料，高度介於三十五公分到四十一公分之間。雕工粗獷，類似民俗藝術品，很可能是代表武士，因為他們手持武器，睜著一雙憤怒、銳利的白色石英石眼睛。那雙眼睛與蒼鷹無異；那眼睛告訴你，他們是掠食者，而你是獵物。雕像還擁有巨大、懸垂的陰莖，而且是可拆卸的，能插進位於鼠蹊部精心雕鑿的凹槽中。（你還可轉動陰莖，讓它們不向下垂而是往上翹——興奮勃起的戰士！或將陰莖整個抽出，露出凹洞，讓雕像的性別變得流動不定。）雕像的手臂也可以拆卸，手臂末端有小木樁可插進洞裡。這些雕像被發現之後不久，首次在胡爾文學暨哲學協會（Hull Literary and Philosophical Society）展出時，為了尊重維多利亞時代的敏感神經，有人特地將陰莖從鼠蹊部拆下來，其中有的另行保管，有的則插進手臂孔裡，冒充遺失的手臂。

除了這五尊雕像，水溝挖掘工人還發現一艘木製的船隻模型。長度僅五十六公分，船首雕了蛇頭，曾經也有一雙白色的石英石眼睛，與千年之後驚駭同一片海岸的維京人龍頭戰船相當類似。船內的孔洞顯示，那四名戰士原本應該是立在船中，因為他們木樁似的雙腿正好可以插進洞裡。第五位模型人可能是屬於另一艘船隻的另一隊船員：我們推測還有更多雕像埋在地下。由於這整組人、船是放置在與水相關的環境中，很可能是還願用的祭品，或許是為了保佑水手們航行平安。但我想強調的是，這艘船是以動物形象現身；它被描繪成活物。這是船隻的典型特徵。世界各地的水手都會幫他們的船隻命名、賦予身分，並安上船首像。水手為船隻賦予生命。船舶不僅是功能性物件；不僅是運輸工具。畢竟，水手的生命都繫於船上。

在歷史上的許多時代，在世界上的許多地方，船隻經常與死者一同埋葬，或成為葬禮儀式的一部分，或許是為了協助死者航行到另一個世界。我們在中石器時代見過這類例子：在丹麥波羅的海島嶼上的一座墓地中，就挖掘出兩名死者埋在獨木舟中。在瑞典的史凱特霍姆墓地——我們先前造訪過該地的狗墓——也有許多墓葬的土壤痕跡可看出獨木舟棺材的輪廓。

在西元前一三〇〇年到七〇〇年的青銅時代，波羅的海沿岸出現了所謂的「石船」：在人類墓葬周圍用石頭排出船隻的輪廓，然後將它們封存在墓塚下方。顯然，對這些社會而言，船隻的形狀極為重要。

西元後第一個千年，真實的船葬案例數量龐大。薩頓胡古墓（Sutton Hoo）堪稱最著名的代表：那是位於薩福克（Suffolk）的兩座中世紀初期墓地，時間可回溯到西元六到七世紀。墓地裡有一群土墩墓塚，其中一些已經挖掘。最知名的首推一號墓塚。該墓塚是在一九三九年二次大戰爆發前夕開挖，主事者是地主伊迪絲・普雷蒂（Edith Pretty）聘請的巴茲爾・布朗（Basil Brown），挖掘出來的文物事後由地主捐贈給大英博物館，至今仍可看到。挖掘成果顯示，雖然木頭已經腐爛，但鐵製的船鉚釘依然留在原位，還可看到一艘用魚鱗疊接法建造、長達二十七公尺的幽靈船印記。這艘幽靈船是在七世紀初，從德本河（River Deben）拖到山丘上，然後放入溝渠之中。船內蓋了一間墓室，接著覆上土塚，高達二、三公尺。

在這座船墓裡發現的豐富寶物眾所周知，幾乎可以肯定這是某位不知名國王的安息之地。琳瑯滿目的金銀財寶當中包括一把寬長劍，劍柄鑲有精美的黃金和石榴石，以及一面裹了獸皮的木製盾牌，上頭有金屬裝飾的野獸和奇幻動物。此外，還找到一個羽毛枕頭、罕見布料和皮草、細緻的宴會器皿，以及掐絲的黃金製品。有來自英倫海峽對岸、澄黃如太陽的硬幣，以及黃金製的服飾配件，上面鑲了取自斯里蘭卡的紅色石榴石。有從拜占庭帝國來的銀碗，還有刻了希臘文的銀匙。這些精美文物反映出珠寶師和熟練鐵匠的高超技藝，以及飄洋過海、翻山越嶺的大範圍移動。我們還看到角杯、長矛、木桶、大釜，以及裝在海狸皮袋裡的六弦琴。美得令人屏息的薩頓胡頭盔被以布疋仔仔細細包裹起來，頭盔上的招牌面具和空無眼球的眼窩，依然凝視著我們這個無法理解的世界。這些文物借鑒並影射了當時的英雄詩歌，例如《貝奧武夫》（*Beowulf*）之類的史詩。在北海的歐陸那一側，例如挪威的哥克斯塔德（Gokstad）和奧斯伯格（Oseberg），也曾發現類似的墓葬遺址，儘管年代稍晚。

這些船隻埋入地底的那數百年，是一段開創性的時代，見證了古羅馬帝國在西方的崩潰，以及拜占庭帝國在東方的崛起。那是政治風起雲湧、社會劇烈變遷的大時代；這些動盪催生了幾個現代國家的前身，塑造出我們今日所知的歐洲。這些船隻訴說了人群與文化跨越大海的互通與連結。

從史前時代最初期起，海洋就在人類的流動上扮演一大要角。獨樹一格的石器工具被發現於西西里、薩丁尼亞和賽普勒斯等地中海島嶼上；這些考古證據明確指出，早期智人存在於這些島嶼，也因而證明他們具備航海能力。在克里特島出土了舊石器時代中期的工具，時間可回溯到十到十三萬年前，而驚人的是，這就表示尼安德塔人早在現代人類出現前，便已在進行跳島之旅。在世界上其他地區也出現令人難以置信的遠洋航行：人類從約莫五萬年前，就搭乘船隻航行到澳大利亞，甚至可能更早。[6]

我發現這些早期的跨海之旅魅力無窮，因為它們明白展示出人類遠祖的技藝和認知能力。這裡指的不僅是造船能力，以及令人印象深刻的導航和海事能力，而是也展現了無可置疑的人類特徵：永無止境、無法遏制的漫遊癖。

那麼，史前先祖是以哪種船隻航行？很可能是用是獸皮繃在柳條框架上，再以槳划動，有些類似許久之後愛爾蘭湖泊上常見的獸皮小圓舟（coracle）。但這只是推測，因為史前時代初期的船隻證據目前還沒找到。至於划槳：最早的證據只能回溯到中石器時代，比史前初期晚了許多。約克郡的斯塔卡爾（Star Carr）出土了一件保存完好的木製文物，時間可回溯到西元前九〇〇〇年，很可能就是一隻木槳。歐洲其他地區也有類似發現。

到了中石器時代，仰賴海洋資源的航海社群已站穩腳跟。獸皮船自然是繼續使用，但從這個時期開始，我們也在歐洲各地和地中海的考古紀錄中發現獨木舟。獨木舟是將樹幹挖空製成，製作方式無異於我們在東安格里亞泥沼區更晚期的馬斯特農場遺址所發現的獨木舟（但馬斯特農場的獨木舟在設計上更加複雜）。獨木舟本身雖然結構簡單，但可以綁在一起，變成更大的船隻，在開闊的海上航行。

獸皮船與獨木舟一直使用到史前後期，持續載運人與貨物，例如新時代時代初期將拋光的玉斧頭從阿爾卑斯山區運抵不列顛。最早的家牛肯定也是搭乘類似船隻來到英倫三島。最早的「乳牛」渡輪（Cowes ferry，譯註：Cowes〔考斯〕是英國懷特島〔Isle of Wight〕上的渡輪港鎮，這裡是玩英文的諧音梗）！

青銅工具的引入促成更精細複雜的造船技術，例如拼板船，要由划槳水手提供動力；這類船隻可在北歐青銅時代的岩畫上看到。青銅斧頭、鑿子和木工技術可以雕塑出帶有斜邊的橡木板，建造出密合且近乎防水的船隻。船隻並未使用釘子，而是以紫杉細條縫合，然後用苔蘚補強船體上的縫隙，進一步提高防水性。這類木板縫合船來自北海地區，且專屬於青銅時代，大約於西元前二〇〇〇年開始發展。

這種「縫合」木板的技術是一項奇特的創新，很可能是從縫製獸皮船演化或延伸而來。[7]

我們在不列顛發現不少青銅時代木板縫合船的考古證據，例如從約克郡啟恩夕（Kilnsea）出土的部分木板，以及在北菲力比（North Ferriby）恆伯河（Humber）畔出土的碎片。在北菲力比遺址發現木頭切割後的廢料，以及看似造船用的工具，顯示該處遺址可能是史前造船廠的一部分。在塞汶河口的威爾斯那側也找到一些碎片，距離本書一開始提到的中石器時代腳印並不遠。

青銅時代的木板縫合船開創出新的流動性，促成更廣大的連結及貨物流通。在這段時期，青銅——及其構成元素：紅銅與錫——在北海地區貿易交換，還有其他貴重物件，比方說黃金、煤玉項鍊、錫釉瓷珠寶，以及如珠子、項鍊墊片和酒杯等琥珀製品。我們在同一時間點發現船來品貿易和複雜的航行船隻證據，恐怕並非巧合。

木板縫合船需要約莫二十名船員負責划槳和排水，還要一名造船匠、一名有經驗的導航員，以及可以激勵人心、富有領袖魅力的船長。當我們談到今日或歷史時代的偉大冒險時，總會將領導者獨特的性格、動機和技巧視為理所當然，但我們很容易忽略，史前時代同樣需要這樣的特殊人物來擔任領袖。

你我同行的旅程即將結束，不過在我們分道揚鑣之前，我想再提一艘船。但首先，不妨回顧一下我們留下的軌跡。我們是從追隨人與動物的腳印開始。這些腳印變成小徑，然後演化成一條條踏道與道路，帶領我們步上人類跨洲越洋的浩大旅程。一路上，我們見識到流動的複雜與豐富，感受到注入其中的意義與力量。社會活動和文化習俗根深柢固嵌印在流動裡。我們看到，移動與人類的存在共綿延，人口潮起潮落，一波又一波的漫遊者不停沖刷大地。我們接續了這些路徑，以及路徑上所有錯綜複雜、令人生畏、連結彼此和美麗動人的移動，因為移動就是人生，而過去未曾止步。

到目前為止，不列顛發現了將近二十艘木板縫合船，保存最好的是多佛青銅時代船隻（Dover Bronze Age boat），該船近乎完整，是為了跨越英吉利海洋而設計的。一九九二年，英格蘭東南方的多佛市修建人行地下道時，在街道下方六公尺處發現該艘船隻。巧合的是，那次工程與另一種跨海交通有關：英法海峽隧道。船隻的時間可回溯到青銅時代中期，介於西元前一五七五年到一五二〇年間，是歐洲專為海上航行所造的最古老船隻。這艘船處處皆美，纏扭的紫杉枝條將彎曲的木板縫合起來。驚人的是，船體接縫處至今還填塞著青銅時代防水用的苔蘚、蜂蠟和動物油脂。

這艘船是由四根以上的巨大橡木樹幹建造而成，最初的長度可能有十五公尺。船速或可達到每小時四節，可以載運數公噸的貨物。船內發現一小塊頁岩，源自於距離多佛兩百六十公里的基默里奇灣（Kimmeridge Bay）。那或許是上一次航行所載運的貨物之一。船內也發現一層纖薄但極為重要的沙子。直到今日，想起那層沙子我還是忍不住寒毛直豎。對那層沙子進行的顯微鏡調查指出，其中含有海綠石微粒，而那是多佛地區不曾發現的東西。沙層裡還有細小的海貝碎片，以及大量石英砂。這是海灘沙子，不可能來自多佛。很可能是史前水手跳下某個異域海灘時沾在腳底帶上船的——或許就是在這艘船最後一趟航行前夕沾上的。8

我們不知道那層沙子來自何處，也不知道它們經歷過怎樣的旅程。是離家很近，或遠赴天涯？是不值一提的尋常出海，或畢生難忘的偉大冒險？每一次的發現都會提供我們一些答案，卻也會引發一整套新的問題。

這艘多佛船經過徹底的挖掘分析，加上好幾年的木材保存維護，終於在多佛博物館展出，至今仍可在專門為它打造的展室裡隔著玻璃欣賞。我參觀過好幾次，每次來到這一帶總會前去朝聖，但我還記得，第一次看到它時帶給我的震撼。對我而言，米開朗基羅的作品和舉世最神聖、最美麗的大教堂與之相比，都顯得黯然失色。在我眼中，這艘船的價值千倍有餘，因為它能讓我瞬間易位。它能讓我穿越時間回到遠古，它能帶我飛越陸地和海洋。凝望它，能拓展我的世界、豐富我的人生。不過話說回來，這就是考古學的超能力！

致謝

十一年前，我為親手編輯的《往日移動：考古學對移動和流動的研究取向》（*Past Mobilities: Archaeological Approaches to Movement and Mobility*）寫了導論，該書是在二〇一四年由阿什蓋特（Ashgate）出版（現改由勞特里奇〔Routledge〕出版）。撰寫該文時，我理解到，我真正想做的，是給這個主題應有的時間和空間，將它擴大成一本書，讓相關討論能觸及更廣大的受眾。二〇一六年，我又再次有機會深入思考流動性的問題，當時我和湯瑪斯・凱多（Thomas Kador）合作編輯另一本書，焦點集中在新石器時代，該書由牛弓出版社（Oxbow Books）發行。第三次機會是我為好友暨前同事馬丁・貝爾教授（Professor Martin Bell）的紀念集撰文時，紀念集是由英國考古報告出版社（BAR）發行。讀者手上的這本書得益於上述篇章，其中的許多想法和一些字句，都以各自的路徑匯入這本著作。在此，謹向阿什蓋特、牛弓和英國考古學報告三家出版社致上謝意。

我想寫一本關於移動考古學的專書，這份願望在我心中放了好幾年，直到我終於停止腳步，坐下來動筆書寫。我斷斷續續寫著，好幾年就這樣過去了。衷心感謝我目前的雇主：約克大學，特別是傑出的妮基・米爾納教授（Professor Nicky Milner），讓我有時間完成這本書。

本書構思了超過十年，過程中受到許多人的啟發、影響和協助，也從一次又一次的生動討論中受益匪淺。特別感謝理論考古學小組（Theoretical Archaeology Group）二〇一一年會議的參與者（《往日移動》便是這場會議所催生出來的），以及新石器時代研究小組（Neolithic Studies Group）二〇一二年會議的出席人士（《在新石器研究裡前行》〔*Moving on in Neolithic Studies*〕一書的緣起）。此外，我跟其他許多人的漫步對談也讓我獲益良多。由於人數龐大，無法一一列舉，但有些人還是得特別銘謝，尤其是額外花費時間閱讀本書部分章節或草稿並提出點評的人士。我欠你們每人一杯啤酒，或兩杯。這些人包括（我永遠的第一位讀者）愛莉・李瑞（Ellie Leary）、伊恩・阿密特（Ian Armit）、馬丁・貝爾（Martin Bell）、布萊恩・愛德華茲（Brian Edwards）、戴夫・菲爾德（Dave Field）、莊・芬奇（Jon Finch）、梅爾・基爾斯（Mel Giles）、伊蓮・傑米森（Elaine Jamieson）、楚荻・摩根（Trudi Morgan）、喬許・波拉爾（Josh Pollard）、瑞克・舒亭

（Rick Schulting）和克里斯・塞爾（Chris Sayer）。克里斯不幸在本書出版前過世，我深感悲傷。我也要感謝與以下人士的深刻對話：詹姆斯・斯奈德（James Snead）、班・吉雷（Ben Gearey）、麥特・愛吉沃斯（Matt Edgeworth）和奧斯卡・阿德雷（Oscar Aldred）。

感謝傑出作家詹姆斯・坎頓（James Canton）閱讀、評論早期手稿。也要向我深深景仰的另外兩位作家致上謝意，感謝兩人陪我走路聊天：茱莉亞・布萊克本（Julia Blackburn）和愛咪—珍・畢爾（Amy-Jane Beer）。謝謝你們。極度感謝文學顧問公司（The Literary Consultancy），特別是約翰・哈里森（John Harrison），在我還不太確定自己在寫什麼時，就針對我的初稿提出明智意見和理性建議。我也曾向安・符尼斯（Anne Furniss）、瑪莉—安・歐喬塔（Mary-Ann Ochota）和布萊恩・法根（Brian Fagan）尋求建議並得到很棒的回應。

誠摯感謝蜜雪兒・休斯（Michelle Hughes）製作的膠板插圖，為本書增色不少；感謝她閱讀書稿，全心投入這項計畫。我也要感謝約克大學出資贊助這些插圖（使用YIAF資金），以及凱特・吉爾斯（Kate Giles）提醒我有這項資金可以運用。

萬分感謝傑米・馬歇爾（Jaime Marshall, J.P. Marshall Literary Agency）願意冒險支持我這位考古學家，感謝你的友誼、幽默和無盡善意。同樣感謝權威編輯約翰—保羅・弗林托夫（John-Paul Flintoff）多管齊下強化本書，感謝你的激勵和敦促。也要謝謝圖標出版社（Icon）發行本書，特別是鄧肯・希斯（Duncan Heath）——我想像不出比圖標更適合這部作品的出版社了。

最深的感謝自然是要獻給家人——愛莉、朵拉和艾姬，還有狗狗巴德——感謝你們讓我同行。讓我們再次套上靴子，繼續前行吧！

參考書目

Adey, P. 2010. Mobility. Abingdon: Routledge.

Aldred, O. 2021. The archaeology of movement. Abing- don: Routledge.

Allen, V. & Evans, R. 2016. 'Introduction: Roads and writing'. In V. Allen and R. Evans (eds.) *Roadworks. Medieval Britain, medieval roads*, 1–32, Manchester: Manchester University Press (Manchester Medieval Literature and Culture).

Amato, J.A. 2004. *On foot. A history of walking*. New York: New York University Press.

Anthony, D. 2007. *The horse, the wheel, and language. How Bronze Age riders from the Eurasian Steppes shaped the modern world*. Princeton: Princeton University Press.

Appadurai, A. (ed.) 1986. *The Social Life of Things: Commodities in Cultural Perspective*. Cambridge: Cambridge University Press.

Armit, I. & Reich, D. 2021. 'The return of the Beaker folk? Rethinking migration and population change in British prehistory.' *Antiquity* 95(384), 1464–77.

Bailey, D., Whittle, A. & Cummings, V. (ed.) 2005. *(Un) settling the Neolithic*. Oxford: Oxbow Books.

Barnard, H. & Wendrich, W. 2008. *The Archaeology of Mobility. Old World and New World Nomadism*. Los Angeles, CA: UCLA Cotsen Institute of Archaeology (Cotsen Advanced Seminars 4).

Beaumont, M. 2015. *Nightwalking. A nocturnal history of London. Chaucer to Dickens*. London: Verso.

Bell, M. 2020. *Making one's way in the world. Tracking the movements of prehistoric people*. Oxford: Oxbow Books.

Bell, M. 2007. *Prehistoric Coastal Communities: The Mesolithic in Western Britain*. York: Council for British Archaeology (CBA Research Report 149).

Bell, M., & Leary, J. (2020). 'Pathways to past ways: A positive approach to routeways and mobility.' *Antiq- uity* 94(377), 1349–59.

Bell, M., Black, S., Maslin, S. & Toms, P. 2020. 'Multi- method solutions of the problem of dating early trackways and associated colluvial sequences.' *Jour- nal of Archaeological Science Reports* 32.

Bellwood, P. 2013. *Ancient migration in global perspective*. Chichester: Wiley-Blackwell.

Bentley, R.A. 2013. 'Mobility and the diversity of Early Neolithic lives: Isotopic evidence from skeletons.' *Journal of Anthropological Archaeology* 32: 303–12.

Beresford, M.W. & Hurst J.G. 1972. *Deserted medieval villages*. London: Lutterworth Press.

Bergerbrant, S., 2019. 'Revisiting the "Egtved girl".' In R. Berge and M. Henriksen, (ed.) *Arkeologi og kulturhistorie fra norskekysten til Østersjøen. Festskrift til professor Birgitta Berglund*. VitArk, Vol. 11. Trondheim: Museumsforlaget, 18–39.

Bickle, P. 2020. 'Thinking Gender Differently: New Approaches to Identity Difference in the Central

European Neolithic.' *Cambridge Archaeological Journal* 30(2), 201–18.

Bil, A. 1990. *The Shieling, 1600–1840: The case of the Central Scottish Highlands*. Edinburgh: John Donald Publishers Ltd.

Bird, M.I., O'Grady, D. & Ulm, S. 2016. 'Humans, water, and the colonization of Australia.' *PNAS* 113(41), 11477–82.

Bishop, M.C. 2014. *The Secret History of the Roman Roads of Britain*. Barnsley: Pen & Sword Military.

Boivin, N. & Owac, M.A. (ed.) 2004. *Soils, stones and symbols. Cultural perceptions of the mineral world*. London: UCL Press.

Bonnett, A. 2015. 'Walking through memory: Critical nostalgia and the city.' In T. Richardson (ed.) *Walking inside out. Contemporary British psychogeography*, 75–87. London: Rowman & Littlefield International Ltd.

Boulgouris, N.V., Hatzinakos, D. & Plataniotis, K.N. 2005. 'Gait recognition: A challenging signal processing technology for biometric identification.' *IEEE Signal Processing Magazine*, November 2005, 78–90.

Bowden, M. & Herring, P. (ed.) 2021. *Transhumance. Papers from the International Association of Landscape Archaeology Conference, Newcastle upon Tyne, 2018*. Oxford: Archaeopress.

Bozell, J.R. 1988. 'Changes in the role of the dog in protohistoric-historic Pawnee culture.' *Plains Anthropologist* 33(119), 95–111.

Brace, S., Diekmann, Y. & Booth, T.J. *et al.* 2019. 'Ancient genomes indicate population replacement in Early Neolithic Britain.' *Nature Ecology & Evolution* 3, 765–71.

Bradley, R. 1999. 'Pilgrimage in prehistoric Britain?' In J. Stopford (ed.) *Pilgrimage explored*. York: York Medieval Press.

Bradley, R., Jones, A., Nordenborg Myhre, L. & Sackett, H. 2002. 'Sailing through stone: carved ships and the rock face at Revheim, Southwest Norway.' *Norwegian Archaeological Review* 35(2), 109–18.

Bradley, R., Meredith, P., Smith, J. & Edmonds, M. 1992. 'Rock physics and the Neolithic axe trade in Great Britain.' *Archaeometry* 34(2), 223–33.

Brennand, M., Taylor, M., Ashwin, T., *et al.* 2003. 'The Survey and Excavation of a Bronze Age Timber Circle at Holme-next-the-Sea, Norfolk, 1998–9.' *Proceedings of the Prehistoric Society* 69, 1–84.

Brigham, A. 2015. *American road narratives. Reimagining mobility in literature and film*. Charlottesville: University of Virginia Press.

Brittain, M. and Overton, N. 2013. 'The Significance of Others: A Prehistory of Rhythm and Interspecies Participation.' *Society & Animals* 21, 134–49.

Brody, H. 2001. *The Other Side of Eden. Hunters, farmers, and the shaping of the world*. London, Faber & Faber. Brophy, K. 2015. *Reading Between the*

Lines. The Neolithic Cursus Monuments of Scotland. London: Routledge.
Brown, K.A. 2014. 'Women on the Move. The DNA evidence for female mobility and exogamy in prehistory.' In J. Leary (ed.) *Past Mobilities. Archaeological Approaches to Movement and Mobility*, 155–73. Farnham: Ashgate.

Brumm, A. 2004.'An axe to grind. Symbolic considerations of stone axe use in ancient Australia.' In N. Boivin & M.A. Owac (eds.) *Soils, stones and symbols. Cultural perceptions of the mineral world*, 143–63. London: UCL Press.

Chadwick, A. 2016a. 'Foot-fall and Hoof-hit. Agencies, Movements, Materialities, and Identities; and Later Prehistoric and Romano-British Trackways.' *Cambridge Archaeological Journal* 26(1), 93–120.

Chadwick, A. 2016b. 'The Stubborn Light of Things. Landscape, Relational Agency, and Linear Earthworks in Later Prehistoric Britain.' *European Journal of Archaeology* 19(2), 245–78.

Chadwick, A. 2013. 'Some fishy things about scales: Macro-and microapproaches to later prehistoric and Romano-British field systems.' *Landscapes* 14(1), 13–32.

Chadwick, A. 2007. 'Trackways, hooves and memory-days– human and animal movements and memories around the Iron Age and Romano-British rural landscapes of the English north midlands.' In V. Cummings & Johnston, R. (eds.) *Prehistoric journeys*, 131–52. Oxford: Oxbow Books.

Chatwin, B. 1987 [1998]. *The Songlines*. London: Vintage Books.

Chatwin, B. 1988 [2005]. *What Am I Doing Here*. London: Vintage Books.

Clark, P. (ed.) 2004. *The Dover Bronze Age boat*. Swindon: English Heritage.

Coble, T., Selin, S.W. & Erickson, B.B. 2003. 'Hiking alone: Understanding fear, negotiation strategies and leisure experience.' *Journal of Leisure Research* 35(1), 1–22.

Cohen, J.H. & Sirkeci, I. 2011. *Cultures of migration. The global nature of contemporary mobility*. Austin: University of Texas Press.

Coles, B. & Coles, J. 1986. *Sweet track to Glastonbury*. London: Thames and Hudson.

Cook, M. 1998. *Medieval bridges*. Princes Risborough: Shire Publications Ltd.

Costello, E. 2020. *Transhumance and the making of Ireland's uplands. 1550–1900*. Woodbridge: The Boydell Press.

Costello, E. 2018. 'Temporary freedoms? Ethnoarchae-ology of female herders at seasonal sites in northern Europe.' *World Archaeology* 50(1), 165–84.

Cunliffe, B. 2017. *On the ocean. The Mediterranean and the Atlantic from prehistory to AD 1500*. Oxford: Oxford University Press.

Cresswell, T. 2006. *On the move. Mobility in the modern western world*. Abingdon: Routledge.

Cribb, R. 1991. *Nomads in archaeology*. Cambridge: Cambridge University Press.

Darling, J.A. 2009. 'O'odham trails and the archaeology of space.' In Snead, J.E., Erickson, C.L. & Darling, J.A. (eds.) *Landscapes of movement. Trails, paths, and roads in anthropological perspective*, 61–83. Philadel-phia: University of Pennsylvania Press.

Davies, T.G., Pomeroy, E., Shaw, C.N. & Stock, J.T. 2014. 'Mobility and the Skeleton: A Biomechanical View.' In Leary, J. (ed.) *Past Mobilities: Archaeologi-cal Approaches to Movement and Mobility*, 129–53. Farnham: Ashgate.

Davies, P., Robb, J.G. & Ladbrook, D. 2003. 'Woodland clearance in the Mesolithic: The social aspects.' *Antiquity* 79, 280–88.

Deakin, R. 2008. *Notes from Walnut Tree Farm*. London: Hamish Hamilton.

Debord, G. 1956 [1981]. *Theory of the Dérive*. Trans. Ken Knabb. Situationist International Anthology. Berkeley: Bureau of Public Secrets.

DeSilva, J. 2021. *First steps. How walking upright made us human*. London:

William Collins.

De Waal, F. 2016. *Are we smart enough to know how smart animals are?* London: Granta.

Dickson, J.H., Oeggl, K. & Handley, L.L. 2003. 'The Iceman Reconsidered.' *Scientific American* 288(5), 70–79.

Dittmar, J.M., Mitchell, P.D., Cessford, C., Inskip, J.E. Robb, S.A. 2021. 'Fancy shoes and painful feet: Hallux valgus and fracture risk in medieval Cambridge, England.' *International Journal of Paleopathology* 35, 90–100.

Ó'Dubhthaigh N. 1983.'Summer pasture in Donegal.' *Folk Life. Journal of Ethnological Studies* 22(1), 42–54.

Dunn, S. 2020. 'Folklore in the landscape: The case of the corpse paths.' *Time and Mind* 13(3), 245–65.

Eckardt, H. 2010. 'A long way from home: Diaspora communities in Roman Britain.' In H. Eckardt (ed.) *Roman diasporas: Archaeological approaches to mobility and diversity in the Roman Empire*, 99–130. Portsmouth, RI: Journal of Roman Archaeology (Sup-plementary Series 78).

Eckardt, H., Müldner, G., & Lewis, M. 2014. 'People on the move in Roman Britain.' *World Archaeology* 46(4), 534–50.

Edensor, T. 2000. 'Walking in the British countryside: Reflexivity, embodied practices and ways to escape.' *Body & Society* 6(3–4), 81–106.

Edgeworth, M. 2014. 'Enmeshments of shifting land-scapes and embodied movements of people and animals.' In Leary J. (ed.) *Past Mobilities: Archaeological Approaches to Movement and Mobility*, 49–61. Farn-ham: Ashgate.

Edgeworth, M. 2011. *Fluid pasts. Archaeology of flow*. London: Bloomsbury Academic (Debates in Archaeology).

Elborough, T. 2016. *A walk in the park. The life and times of a people's institution*. London: Jonathan Cape.

Evans, C.P. 2008. *Trods of the North York Moors. A gazetteer of flagged paths*. Scarborough: Scarborough Archaeological and Historical Society (Research Report 13).

Evans, C. and Knight, M. 2000. 'A fenland delta: later prehistoric land use in the lower Ouse reaches.' M. Dawson (ed.) *Prehistoric, Roman and post-Roman landscapes in the Great Ouse Valley*, 87–106. York: Council for British Archaeology (Research Report 119).

Evans, J. 2003. *Environmental archaeology and the social order*. London: Routledge.

Everitt, A. 2000.'Common Land.' In J. Thirsk (ed.) *The English Rural Landscape*. Oxford: Oxford University Press.

Everson, P. 2003. 'Medieval gardens and designed landscapes.' In R. Wilson-North (ed.) *The lie of the land.Aspects of the archaeology and history of the designed landscape in the south west of England*, 24–33. Exeter: The Mint Press.

Fairclough, G. 1992. 'Meaningful constructions – spatial and functional analysis of medieval buildings.' *Antiquity* 66, 348–66.

Farnell, B. 1994. 'Ethno-graphics and the moving body.' *MAN* (N.S.) 29(4), 929–74.

Farnell, B. 1996. 'Metaphors we move by.' *Visual Anthropology* 8(2-–4), 311–35.

Farnell, B. 1999. 'Moving body, acting selves.' *Annual Review of Anthropology*, Vol. 28, 341–73.

Farnell, B. and Wood, R.N. 2011. 'Performing precision and the limits of observation.' In T. Ingold (ed.) *Redrawing Anthropology. Materials, Movements, Lines,* 91 — 113. Farnham: Ashgate.

Faulkner, P.A. 1963. 'Castle planning in the fourteenth century.' *Archaeological Journal* 120(1), 215–35. Ferentinos, G., Gkioni, M., Geraga, M., & Papatheo-dorou G. 2012. 'Early seafaring activity in the southern Ionian Islands, Mediterranean Sea.' *Journal of Archaeological Science* 39, 2167–

76.

Field, D. 1989. 'Tranchet axes and Thames picks: Mesolithic core-tools from the West London Thames.' *Transactions of the London and Middlesex Archaeological Society* 40, 1–46.

Fitzpatrick, A.P. 2011. *The Amesbury Archer and the Boscombe Bowmen. Bell Beaker Burials on Bos-combe Down, Amesbury, Wiltshire*. Salisbury: Wessex Archaeology.

Fleming, A. 2009. 'The making of a medieval road: The Monk's Trod routeway, mid Wales.' *Landscapes* 1, 77–100.

Fleming, A. 1988. *The Dartmoor Reaves. Investigating prehistoric land divisions*. London: B.T. Batsford. Foubert, L., & Breeze, D.J. 2014. 'Mobility in the Roman Empire.' In J. Leary (ed.) *Past Mobilities. Archaeological Approaches to Movement and Mobility*, 175–86. Farnham: Ashgate.

Fowler, C. 2004. *The archaeology of personhood. An anthropological approach*. London: Routledge (Themes in Archaeology).

Fowler, P. 2000. *Landscape plotted and pieced: Landscape history and local archaeology in Fyfield and Overton, Wiltshire*. London: Society of Antiquaries of London.

Fox, H. 2012. *Dartmoor's alluring uplands. Transhu-mance and pastoral management in the Middle Ages*. Exeter: University of Exeter Press.

Frei, K.M., Villa, C., Jørkov, M.L. *et al*. 2017. 'A matter of months: High precision migration chronology of a Bronze Age female.' *PLoS ONE* 12(6).

Fulford, M. and Timby, J. 2000. *Late Iron Age and Roman*

Silchester: Excavation on the site of the Forum/Basilica, 1977, 1980–86. London: Britannia Monograph Series 15.

Fumerton, P. 2006. *Unsettled. The Culture of Mobility and the Working Poor in Early Modern England*. Chicago: University of Chicago Press.

Gagnol, L. 2021. 'Identify, search and monitor by tracks: Elements of analysis of pastoral know-how in Saharan-Sahelian societies.' In A. Pastoors & T. Lenssen-Erz (eds.) *Reading prehistoric human tracks. Methods & material.* Switzerland: Springer, 363–83.

Georgiou, L., Dunmore, C.J., Bardo, A., Buck, L.T., Hublin, J-J., Pahr, D.H., Stratford, D., Synek, A., Kivell, T.L. & Skinner, M.M. 2020. 'Evidence for habitual climbing in a Pleistocene hominin in South Africa.' *Proceedings of the National Academy of Sciences* 117, 8416–23.

Gilchrist, R. 2012. *Medieval life: Archaeology and the life course*. Woodbridge: Boydell & Brewer.

Gilchrist, R. 2013. 'The materiality of medieval heirlooms: From biographical to sacred objects.' In H.P. Hahn and H. Weiss (eds.) *Mobility, Meaning and Transformations of Things. Shifting contexts of material culture through time and space*, 170–82. Oxford: Oxbow Books.

Gilchrist, R. 1999. *Gender and archaeology: Contesting the past*. London: Routledge.

Gilchrist, R. and Sloane, B. 2005. *Requiem: The Medieval Monastic Cemetery in Britain*. London: Museum of London Archaeology Service.

Giles, M. 2020. *Bog bodies. Face to face with the past*. Manchester: Manchester University Press.

Giles, M. 2012. *A forged glamour. Landscape, identity and material culture in the Iron Age*. Oxford: Wind-gather Press.

Goffman, E. 1959. *The presentation of self in everyday life*. London: Penguin Books.

González-Ruibal, A. 2013. 'Houses of resistance: Time and materiality among the Mao of Ethiopia.' In H.P. Hahn and H. Weiss (eds.) *Mobility, Meaning and Transformations of Things. Shifting contexts of material culture through time and space*, 15–36. Oxford: Oxbow Books.

Gooch, P. 2008. 'Feet following hooves.' In T. Ingold and J. L. Vergunst (eds.) *Ways of walking: Ethnography and practice on foot*, 67–80. Farnham: Ashgate (Anthro-pological Studies of Creativity and Perception).

Gooder, J. 2007. 'Excavation of a Mesolithic house at East Barns, East Lothian, Scotland: An interim view.' In C. Waddington and K. Pedersen (eds.) *Mesolithic studies in the North Sea basin and beyond. Proceedings of a conference held at Newcastle in 2003*, 49–59. Oxford: Oxbow Books.

Green, C. 2004.'Evidence of a marine environment associ-ated with the Dover boat.' In P. Clark (ed.) *The Dover Bronze Age Boat in context. Society and water transport in prehistoric Europe*. Oxford: Oxbow Books.

Gros, F. 2014. *A philosophy of walking*. Trans. John Howe. London: Verso.

Hahn, H.P. and Weiss, H. (ed.) 2013. *Mobility, meaning and transformations of things. Shifting contexts of material culture through time and space*. Oxford: Oxbow Books.

Harding, J. 2003. *Henge monuments of the British Isles*. Stroud: Tempus.

Harris, A. 2015. *Weatherland. Writers and artists under English skies*. London: Thames & Hudson.

Harrison, M. 2016a. *Rain. Four walks in English weather*. London: Faber & Faber.

Harrison, M. (ed.) 2016b. *Seasons. An anthology of changing seasons*. London: Elliott & Thompson. Harrison, S. 2003. 'The Icknield Way: Some queries.' *Archaeological Journal* 160, 1–22.

Hellström, M. 2015. 'Fast movement through the city: Ideals, stereotypes and city planning.' In I. Östenberg, S. Malmberg, & J. Bjørnebye, *The moving city. Processions, passages and promenades in Ancient Rome*, 47–57. London: Bloomsbury Academic.

Helms, M.W. 1988. *Ulysses' sail. An ethnographic odyssey of power, knowledge, and geographical distance*. Princeton: Princeton University Press.

Hindle, P. 2016. 'Sources for the English medieval road system.' In V. Allen and R. Evans (eds.) *Roadworks. Medieval Britain, medieval roads*, 33–49. Manchester: Manchester University Press (Manchester Medieval Literature and Culture).

Hindle, P. 1998. *Medieval roads and tracks*. Oxford: Shire Publications Ltd.

Honeychurch, W. and Makarewicz, C.A. 2016. 'The archaeology of pastoral nomadism.' *Annual Review of Anthropology* 45, 341–59.

Hosfield, R. 2020. *The earliest Europeans – a year in the life: seasonal survival strategies in the Lower Palaeo-lithic*. Oxford: Oxbow Books.

Houseman, M. 1998. 'Painful places: Ritual encounters with one's homelands.' *The Journal of the Royal Anthropological Institute* 4(3), 447–67.

Hulme, M. 2017. *Weathered. Cultures of climate change*. London: SAGE.

Ingold, T. 2011. *Being alive. Essays on movement, knowledge and description*. Abingdon: Routledge.

Ingold, T. 2009. 'Against space: Place, movement, knowledge.' In *Boundless Worlds. An Anthropological Approach to Movement*, P.W. Kirby (ed.). Oxford: Berghahn, 29–43.

Ingold, T. 2004.'Culture on the ground. The world perceived through feet.' *Journal of Material Culture*, 9(3), 315–40. Ingold, T. 2000. *The perception of the environment. Essays in livelihood, dwelling and skill*. London:Routledge.

Ingold, T. & Vergunst, J.L. 2008. 'Introduction.' In T. Ingold & J. L. Vergunst (eds.) *Ways of walking. Ethnography and practice on foot*, 1–19. Fareham: Ashgate (Anthropological Studies of Creativity and Perception).

James, W. (2003) *The Ceremonial animal. A new portrait of anthropology*. Oxford, Oxford University Press.

Jamieson, E. & Lane, R. 2015 'Monuments, Mobility and Medieval Perceptions of Designed Landscapes: The Pleasance, Kenilworth.' *Medieval Archaeology* 59(1), 255–71.

Jarman, C. 2021. *River Kings. A new history of the Vikings from Scandinavia to the Silk Roads*. London: William Collins.

Johnson, M. 2002. *Behind the castle gate. From medieval to Renaissance*.

London: Routledge.

Johnson, M. 1996. *An archaeology of capitalism*. Oxford: Blackwell.

Kashner, S. 2013. 'Fever Pitch.' *Vanity Fair*, 15 August 2013.

Kelly, R. 1992. 'Mobility/sedentism: Concepts, archaeological measures and effects.' *Annual Review of Anthropology* 21, 43–66.

Kelly, R. 1995. *The foraging spectrum*. London, Smithsonian Institution Press.

Kern, H. 2000. *Through the labyrinth: Designs and meanings over 5,000 years*. Trans. Abigail Clay. Munich: Prestel.

Klein, J. 1920. 'The Mesta: A study in Spanish economic history, 1273–1836.' Harvard, MA: Harvard University Press.

Knight, M., Ballantyne, R., Robinson Zeki, I., & Gibson, D. 2019. 'The Must Farm pile-dwelling settlement.' *Antiquity* 93(369), 645–63.

Kohn, E. 2013. *How forests think. Toward an anthropology beyond the human*. Berkeley: University of California Press.

Krause, J. & Trappe, T. 2021. *A short history of humanity. How migration made us who we are*. London:W.H. Allen.

Labarge, M.W. 1982. *Medieval travellers: The rich and restless*. London: Hamish Hamilton.

Lakoff, G. & Johnson, M. 1980. *Metaphors we live by*. Chicago: University of Chicago Press.

Lane Fox, R. 2008. *Travelling heroes: Greeks and their myths in the epic age of Homer*. London: Allen Lane.

Langlands, A. 2019. *The ancient ways of Wessex. Travel and communication in an early medieval landscape*. Oxford: Windgather Press.

Larsson, L. 1990. 'Dogs in Fraction – Symbols in Action.' In P. Vermeersch and P. van Peer (eds.), *Contributions to the Mesolithic in Europe*, 161–7. Leuven: Leuven University Press.

Leary, J. 2015. *The Remembered Land. Surviving sea-level rise after the last Ice Age*. London: Bloomsbury (Debates in Archaeology series).

Leary, J. (ed.) 2014. *Past Mobilities: Archaeological Approaches to Movement and Mobility*. Farnham: Ashgate.

Leary, J. 2010. 'Silbury Hill: a monument in motion.' In Leary, J., Darvill, T., Field, D. (ed.) 2010. *Round Mounds and Monumentality in the British Neolithic and Beyond*. Oxford: Oxbow Books/Neolithic Studies Group Seminar Papers 10, 139–52.

Leary, J. and Field, D. (2012). 'Journeys and juxtapositions. Marden henge and the view from the Vale.' In Gibson, A. (ed.) *Enclosing the Neolithic. Recent studies in Britain and Europe*, 55–65. Oxford: BAR (International Series 2440).

Leary, J. and Field, D. 2010. *The story of Silbury Hill*. Swindon: English Heritage publishing.

Leary, J. and Kador, T. (ed.) 2016. *Moving on in Neolithic studies: Understanding mobile lives*. Oxford: Oxbow Publishing (Neolithic Studies Group Seminar Papers).

Lee, J. and Ingold, T. 2006. 'Fieldwork on foot: Perceiving, routing, socializing.' In S. Coleman and P. Collins (eds.) *Locating the Field. Space, Place and Context in Anthropology*, 67–85. Oxford: Berg.

Librado, P., Khan, N., Fages, A. *et al*. 2021. 'The origins and spread of domestic horses from the Western Eur-asian steppes.' *Nature* 598, 634–40.

Liebenberg, L. 1990. *The art of tracking. The origin of science*. Cape Town: Creda Press.

Lewis, N. 2000. 'The climbing body, nature and the experience of modernity.' *Body & Society* 6(3–4), 58–80.

Loveday, R. 2016. 'Monuments to mobility? Investigating cursus patterning in southern Britain.' In J. Leary and T. Kador (eds.) *Moving on in Neolithic studies. Understanding mobile lives*, 67–109. Oxford: Oxbow Books.

Loveday, R. 1998. 'Double entrance henges – routes to the past?' In A. Gibson and D. Simpson (eds.) *Essays in honour of Aubrey Burl: Prehistoric ritual and religion*, 14–31. Stroud: Sutton Publishing.

Mabey, R. 2013. *Turned out Nice Again: Living with weather*. London: Profile Books.

Macfarlane, R. 2012. *The Old Ways: A journey on foot*. London: Penguin Books.

Macfarlane, R., Richards, D., Donwood, S. 2014. *Holloway*. London: Faber & Faber.

Macnaghten, P. and Urry, J. 2000. 'Bodies in the woods.' *Body & Society* 6(3–4), 166–82.

Malchik, A. 2019. *A walking life: Reclaiming our health and our freedom one step at a time*. New York: Da Capo Press.

Malim, T. & Hayes, L. 2011. *The Road. British Archaeology* 120, 14–19.

Manco, P. 2013. *Ancestral journeys. The peopling of Europe from the first venturers to the Vikings*. London: Thames & Hudson.

Maraszek, R. 2009. *The Nebra Sky-disc. Kleine Reihe zu den Himmelswegen*, 2 (Halle, Germany). (English version by B. O'Connor & D. Tucker).

Margetts, A. 2021. *The wandering herd. The medieval cattle economy of south-east England c. 450–1450*. Oxford: Windgather Press.

Mauss, M. 1954. *The gift. Forms and functions of exchange in archaic societies*. 2011 edition. Trans. Ian Cunnison. Illinois: The Free Press.

Mauss, M. 1973 [1935]. 'Techniques of the body.' *Economy and Society* 2(1), 70–88.

Michael, M. 2000. 'These boots are made for walking …: Mundane technology, the body and human-environ-ment relations.' *Body & Society* 6(3–4), 107–26.

Mitchell, P. 2015. *Horse Nations. The worldwide impact of the horse on indigenous societies post-1492*. Oxford: Oxford University Press.

Montgomery, J., Budd, P. & Evans, J. 2000. 'Reconstructing the lifetime movements of ancient people: a Neolithic case study from southern England.' *European Journal of Archaeology* 3, 370–85.

Moran, J. 2009. *On Roads: A hidden history*. London:Profile Books.

Morrison, S.S. 2000. *Women Pilgrims in Medieval England: Private Piety as Public Performance*. London: Routledge (Routledge Research in Medieval Studies 3).

Mortimer, J.R. 1895. 'The grouping of barrows, and its bearing on the religious beliefs of the ancient Britons.' *Transactions of the East Riding Antiquarian Society* 3, 53–62.

Moxham, R. 2001. *The great hedge of India*. London:Constable.

Nicholson, G. 2008. *The Lost Art of Walking: The History, Science, Philosophy, and Literature of Pedestri-anism*. New York: Riverhead.

Nielsen, N., Henriksen, P., Mortensen, M., *et al*. 2021. 'The last meal of Tollund Man: New analyses of his gut content.' *Antiquity* 95(383).

Noble, G. 2017. *Woodland in the Neolithic of Northern Europe. The forest as ancestor*. Cambridge: Cambridge University Press.

Norman, K., Inglis, J., Clarkson, C., Faith, J.T., Shul-meister, J., & Harris, D. 2018. 'An early colonisation pathway into northwest Australia 70–60,000 years ago.' *Quaternary Science Reviews* 180, 229–39.

Ohler, N. 1989. *The Medieval Traveller*. (Trans. C. Hill-ier). Woodbridge: The Boydell Press.

Olalde, I., Brace, S., Allentoft, M. *et al*. 2018. 'The Beaker phenomenon and the genomic transformation of northwest Europe.' *Nature* 555, 190–6.

Olsen, B. 2013. *In defence of things. Archaeology and the ontology of objects*. Maryland: AltaMira Press.

Olsen, B., Shanks, M., Webmoor, T. & Witmoor, C. 2012. *Archaeology. The discipline of things*. Berkeley and Los Angeles: University of California Press.

Oma, K.A. 2010. 'Between trust and domination: social contracts between humans and animals.' *World Archaeology* 42(2), 175–87.

O'Mara, S. 2019. *In Praise of Walking. The new science of how we walk and why it is good for us*. London: The Bodley Head.

O'Sullivan, T.M. 2011. *Walking in Roman culture*. Cambridge: Cambridge University Press.

Östenberg, I., Malmberg, S. and Bjørnebye, J. 2015. *The moving city. Processions, passages and promenades in Ancient Rome*. London: Bloomsbury Academic.

Östenberg, I. 2015. 'Power walks: Aristocratic escorted movements in Republican Rome.' In I. Östenberg, S. Malmberg, and J. Bjørnebye, *The moving city. Processions, passages and promenades in Ancient Rome*, 13–22. London: Bloomsbury Academic.

Overton, N.J. and Hamilakis, Y. 2013. 'A manifesto for a social zooarchaeology. Swans and other beings in the Mesolithic.' *Archaeological Dialogues* 20(2) 111–36.

Pastoors, A. & Lenssen-Erz, T. (eds.) 2021. *Reading prehistoric human tracks. Methods & material*. Switzer-land: Springer.

Patterson, N., Isakov, M., Booth, T. *et al*. 2022. 'Large-scale migration into Britain during the Middle to Late Bronze Age.' *Nature* 601, 588–94.

Pétrequin, P., Cassen, S., Errera, M., Klassen, L., Pétrequin, A.-M., & Sheridan, A. 2013. 'The value of things: the production and circulation of alpine jade axes during the 5th-4th millennia in a European perspective.' In T. Kerig, A. Zimmermann (eds.), *Economic Archaeology: From Structure to Performance in European Archaeology*, 65–82.

Pollard, J. 2017. 'The Uffington White Horse geoglyph as sun-horse.' *Antiquity* 91(356), 406–20.

Pollard, J. 1995.'Inscribing Space: Formal Deposition at the Later Neolithic

Monument of Woodhenge, Wiltshire.' *Proceedings of the Prehistoric Society* 61, 137–56.

Pollard, J. 1992. 'The Sanctuary, Overton Hill, Wiltshire: A re-examination.' *Proceedings of the Prehistoric Society* 58, 213–26.

Prestwich, M. 2016. 'The royal itinerary and roads in England under Edward I.' In V. Allen and R. Evans (eds.) *Roadworks. Medieval Britain, medieval roads*, 177–97, Manchester: Manchester University Press (Manchester Medieval Literature and Culture).

Pryor, F. 2002. *Seahenge: A Quest for Life and Death in Bronze Age Britain*. London: HarperCollins.

Pryor, F. 2001. *The Flag Fen Basin: Archaeology and environment of a Fenland landscape*. London: English Heritage.

Püntenera, A.G. and Moss S. 2010. 'Ötzi, the Iceman and his Leather Clothes.' *Chimia* 64, 315–20.

Pye, M. 2014. *The edge of the world. How the North Sea made us who we are*. London: Penguin Books.

Rackham, O. 1986. *The History of the Countryside*. London: J.M. Dent.

Rackham, O. 1976. *Trees and Woodland in the British Landscape*. London: J.M. Dent.

Reich, D. 2018. *Who we are and how we got here. Ancient DNA and the new science of the human past*. Oxford: Oxford University Press.

Reynolds, A. and Langlands, A. 2011. 'Travel as communication: A consideration of overland journeys in Anglo-Saxon England.' *World Archaeology* 43, 410–27.

Richards, C. 1996a. 'Henges and water: Towards an elemental understanding of monumentality and landscape in Late Neolithic Britain.' *Journal of Material Culture* 1(3), 313–36.

Richards, C. 1996b. 'Monuments as landscape: Creating the centre of the world in Late Neolithic Orkney.' *World Archaeology* 28(2), 190–208.

Richardson, T. (ed.) 2015. *Walking inside out. Contemporary British psychogeography*. London: Rowman & Littlefield International Ltd.

Rudenko, S.I. 1970. *Frozen tombs of Siberia: The Pazyryk burials of Iron Age horsemen*. Berkeley and Los Angeles: University of California Press.

Sauer, M.M. 2016. 'The function of material and spiritual roads in the English eremitic tradition.' In V. Allen and R. Evans (eds.) *Roadworks. Medieval Britain, medieval roads*, 157–76, Manchester: Manchester University Press (Manchester Medieval Literature and Culture).

Saunders, D. 2021. *The cursus enigma. Prehistoric cattle and cursus alignments*. Oxford: Peter Lang. Schofield, J. 2009. 'Landscape with Snow.' *Landscapes* 10(2), 1–18.

Sennett, R. 2011. *The foreigner. Two essays on exile*. London: Notting Hill Editions.

Shah, S. 2020. *The Next Great Migration. The Story of Movement on a Changing Planet*. London: Bloomsbury.

Sharples, N. 2010. *Social relations in later prehistory. Wessex in the first millennium BC*. Oxford: Oxford University Press.

Sheets-Johnstone, M. 2011. *The primacy of movement. Expanded second edition*. Philadelphia: John Benjamins Publishing Company (Advance in Consciousness Research 82).

Simonsen, M.F. 2019. 'Medieval Pilgrim Badges: Souvenirs or Valuable Charismatic Objects?' In M. Vedeler, I.M. Røstad, E.S. Kristoffersen, Z.T. Glørstad (eds.), *Charismatic Objects: From Roman Times to the Middle Ages*, 169–96. Oslo: Cappelen Damm Akademisk.

Solnit, R. 2005. *A Field Guide to Getting Lost*. London:Penguin Books.

Solnit, R. 2001. *Wanderlust: A History of Walking*. London: Verso.

Strohmayer, U. 2011. 'Bridges: Different conditions of mobile possibilities.' In

T. Cresswell and P. Merriman (eds.) *Geographies of Mobilities: Practices, Spaces, Subjects*, 119–35. Farnham: Ashgate.

Thomas, G.M. 2006. 'Women in public: The display of femininity in the parks of Paris'. In A. D'Souza and T. McDonough (eds.) *The invisible flâneuse. Gender, public space, and visual culture in nineteenth-century Paris*, 32–48. Manchester: Manchester University Press.

Thoreau, H.D. 1854 [1995]. *Walden; or, life in the woods*. New York: Dover Publications.

Toulson, S. 2005. *The Drovers*. Oxford: Shire Publications Ltd.

Urry, J. 2007. *Mobilities*. Cambridge: Polity.

Van de Noort, R. 2011. *North Sea Archaeologies. A maritime biography, 10,000 BC–AD 1500*. Oxford: Oxford University Press.

Vikatou, I., Hoogland, M.L.P., & Waters-Rist, A.L. 2017. 'Osteochondritis Dissecans of skeletal elements of the foot in a 19th century rural farming community from The Netherlands.' *International Journal of Paleopathology* Vol. 19, 53–63.

Vyner, B. 2007. 'A Great North Route in Neolithic and Bronze Age Yorkshire: The evidence of landscape and monuments.' *Landscapes* 1, 69–84.

Waddington, C. 2007. 'Rethinking Mesolithic settlement and a case study from Howick.' In C. Waddington and K. Pedersen (eds.) *Mesolithic studies in the North Sea basin and beyond. Proceedings of a conference held at Newcastle in 2003*, 101–13. Oxford: Oxbow Books.

Woodman, P.C. 1985. *Excavations at Mount Sandel 1973–77*. Belfast: Her Majesty's Stationery Office (Northern Ireland Archaeological Monographs 2). Webb, D. 2000. *Pilgrimage in Medieval England*. Lon-don: Hambledon and London.

Whittle, A. 2003. *The archaeology of people. Dimensions of Neolithic life.* London: Routledge.

Whittle, A. 1997. 'Moving on and moving around: Neolithic settlement mobility.' In P.Topping (ed.) *Neolithic landscapes*, 15–22. Oxford: Oxbow Books (Neolithic Studies Group Seminar Paper 2).

Widell, B. 2017. 'The monastic lifeworld: memories and narratives of landscapes of early medieval monasticism in Argyll, Scotland.' *Landscapes* 18, 4–18.

Will, C. 2017. *Lovers and strangers. An immigrant history of post-war Britain.* London: Allen Lane.

Williams, T.J. 2017. *Walking with cattle. In search of the last drovers of Uist.* Edinburgh: Birlinn.

Williamson, T.M. 2000. 'Understanding enclosure.' *Landscape* 1, 56–79.

Winchester, S. 2010. *Atlantic. A vast ocean of a million stories*. London: Harper Press.

Wittering, S. 2013. *Ecology and enclosure. The effect of enclosure on society, farming and the environment in South Cambridgeshire, 1798–1850*. Oxford: Windgather Press.

Yates, D. 2007. *Land, power and prestige: Bronze Age field systems in southern England*. Oxford: Oxbow Books.

Yates, D. 2001. 'Bronze Age agricultural intensification in the Thames valley and estuary.' In J. Brück (ed.) *Bronze Age landscapes: Tradition and transformation*, 65–82. Oxford: Oxbow Books.

Zeaman, J. 2011. *Dog walks man. A six-legged odyssey.*

Connecticut: Lyons Press.

註釋

第一章　靜止的過往

1. 關於馬登，參見Leary & Field 2012。關於錫爾伯里，參見Leary 2010以及Leary & Field 2010。
2. 更多相關資訊參見Aldred 2021；Leary 2014；Bell & Leary 2020。超越考古學領域的更廣泛討論可參見Urry 2007, Adey 2010和Cresswell 2006。
3. Ingold 2011, 148。
4. 相關人類學文獻請參考Ingold 2009, 2011；Lee & Ingold 2006；James 2003。

第二章　移動的重要性

1. 關於移動性和本章諸多主題的討論，參見Sheets-Johnstone 2011。
2. Lakoff & Johnson 1980. 也請參見Farnell 1996。
3. 相關主題的更深入討論請參見O'Mara 2019 and Malchik。
4. 參見See Gros 2014，該書對本段與下段討論的主題有精采描述。

5.「人類的真正家園……」參見Chatwin 1988, 273。「踏上旅程……」參見Chatwin 1988, 221。狄金的引文參見Deakin 2008, 240。也請參考：Solnit 2001；Macfarlane 2012；Macfarlane et al. 2014；Nicholson 2008。

6. 參見Davies et al. 2014。

7. 參見Bentley 2013 and Montgomery et al. 2000。

第三章　印記

1. Bell 2020為考古學的足印軌跡提供權威性的精采綜論。

2. 關於這主題的出色討論，參見DeSilva 2021。

3. 關於這個案例和接下來的腳印軌跡案例，都可在Pastoors & Lenssen-Erz 2021中找到。也請參見Bell 2020對足印軌跡的精采綜論，Bell 2007對塞汶河口的腳印有更多資訊。

第四章　踏足

1. 參見Ingold 2004 and 2011。更多考古觀點的討論也請參見Aldred 2021和Leary 2014。

2. 關於這類步行的人類學研究，參見Amato 2004。

3. 屈伏塔在《浮華世界》（Vanity Fair）的一次訪談裡提到這點；參見Kashner 2013。關於圖阿雷格人，參見Gagnol 2021。

4. 這方面的討論數量繁多，但請參見Mauss 1973；Farnell & Wood 2011；Lee & Ingold 2006；

Ingold & Vergunst 2008。也請參考高夫曼（Goffman, 1959）在《日常生活中的自我呈現》（The Presentation of the Self）一書中對於身體展演的經典描述。

5. 人類學相關文獻，參考Farnell 1994; 1999；Farnell & Wood 2011。
6. 與本節相關的更多討論，參見O'Sullivan 2011。
7. 關於人類透過移動傳達自身文化的相關討論，參見O'Sullivan 2011；Urry 2007。
8. 引文出自O'Sullivan 2011, 28。
9. 關於古羅馬人的步態，參見O'Sullivan 2011。關於現代的步態辨識科技，參見Boulgouris et al. 2005。
10. Östenberg et al. 2015，特別是Östenberg 2015，以及Hellström 2015。
11. Johnson 2002。
12. 關於倫園的考古學研究，參見Jamieson & Lane 2015。也請參見Johnson 2002。關於東索塞克斯（East Sussex）博丁安城堡（Bodiam Castle）的類似主題，參見Everson 2003。
13. 參見Gilchrist 1999；Johnson 2002；amieson & Lane 2015；Everson 2003。
14. Johnson 2002。
15. 參見Fairclough 1992。也參見Gilchrist 1999；Johnson 2002；Faulkner 1963。
16. Johnson 2002, 59–60。
17. Fairclough 1992。

18. 本節內容大多受惠於Beaumont 2015。

19. 參見Thomas 2006；Gros 2014；Elbor ough 2016；Beaumont 2015。

20. 類似討論參見Bradley 1999以及Harding 2003。關於聖所，參見Pollard 1992；關於巨木陣，參見Pollard 1995。

21. Kern 2000, 30。

第五章　標路

1. 更多討論參見Bell 2020。

2. 至少從十九世紀開始就有這樣的說法，參見Mortimer 1895。也請參考Bell 2020。

3. 關於北美的組曲，參見Darling 2009。關於歌徑，參見Chatwin 1987。

4. Saunders 2021。

5. 關於長形圍場的討論，參見See Saunders 2021；Loveday 2016；Brophy 2015。

6. 關於圓形圍場沿著路徑設置的討論，參見Loveday 1998。關於圓形圍場、道路和交叉口的討論，參見Bell 2020。

7. 關於「大北路」的討論，參見Vyner 2007。關於馬登圓形圍場的更多訊息，參見Leary & Field 2012。

第六章　朝聖

1. 本章內容深深受惠於 Webb 2000。
2. 參見 Gilchrist & Sloane 2005, 84；Gilchrist 2012。
3. 參見 Simonsen 2019；Webb 2000；Gilchrist 2012。
4. Morrison 2000；Webb 2000。
5. Webb 2000；Simonsen 2019；Labarge 1982。
6. Webb 2000。

第七章　踰越

1. 參見 Beresford & Hurst 1972。
2. 這些段落的內容大大受惠於 Beaumont 2015。
3. 參見 Fumerton 2006。引文出自 *The Praise, Antiquity, and Commodity of Beggary, Beggars, and Begging*, 1621，轉引自 Fumerton 2006, 56。
4. 本段與先前段落的資料來自於 Everitt 2000。
5. 參見 Johnson 1996；Williamson 2000。
6. Everitt 2000。
7. 關於這點的有趣論述參見 Moxham 2001。

8. Johnson 1996. 關於劍橋郡的案例參見 Wittering 2013。
9. 參見 Debord's 'The Theory of the Dérive', 1956，該文羅列了如何在城市飄移的說明。關於更晚近的論述，參見 Bonnett 2015。關於心理地理學，參見 Richardson 2015。
10. 這起事件的相關記載相當豐富，但 Solnit 2001 提供絕佳的摘要。

第八章　找路

1. 參考 Harrison 2003；Reynolds & Langlands 2011。
2. Bell 2020; Bell et al. 2020。
3. Coles & Coles 1986。
4. Knight et al. 2019。
5. 最精采也最新近的酸沼鞣屍研究，參見 Giles 2020，本節的所有內容皆受惠於此書。關於圖倫男子胃中食物的研究，參見 Nielsen et al. 2021。

第九章　足隨蹄

1. 參見 Toulson 2005, 30。
2. 更多內容參見 Bozell 1988。
3. Larsson 1990。
4. De Waal 2016。

5. 關於人狗關係可參見 Zeaman 2011 有趣且充滿同理心的描述。
6. 關於追蹤的經典論述，參見 Liebenberg 1990。
7. Gooch 2008, 70。本章章名就是來自這句引文。
8. Toulson 2005。
9. Toulson 2005, 15；也請參見 Williams 2017 令人回味的描述。
10. Hindle 1998；Toulson 2005, 46。
11. Fox 2012；Toulson 2005；Williams 2017。
12. Toulson 2005, 8。
13. Williams 2017。
14. 關於「大狗」，參見 Mitchell 2015, 7；關於坡尼族，參見 Bozell 1988。
15. 關於遺傳基因研究，參見 Librado et al. 2021。
16. 參見 Pollard 2017。
17. 人類與動物的糾葛是考古學研究的豐富來源之一。更多相關資訊，參見 Brittain & Overton 2013；Honeychurch & Maka rewicz 2016；Oma 2010；Overton & Hamilakis 2013。

第十章　季節移牧

1. Fox 2012, 36。

2. Klein 1920。

3. Fox 2012。

4. 關於愛爾蘭季節移牧的精采描繪，參見Costello 2020。

5. 參見Costello 2018; 2020；Fox 2012；Margetts 2021；Bowden & Herring 2021；Bil 1990。

6. 引文出自Ó'Dubhthaigh 1983。

7. 這個主題摘自Evans 2003。

8. 關於這些地方——一種臨界過渡空間及其相關民俗故事的精采描述，參見Costello 2018; 2020。

9. Fox 2012。

10. 關於威塞克斯，參見Sharples 2010和Fowler 2000；關於達特木，參見Fleming 1988；關於泰晤士河谷和不列顛南部地區，參見Yates 2001 and 2007；關於泥沼區，參見Evans & Knight 2000和Pryor 2001；關於北不列顛，參見Chadwick 2007, 2013, 2016a, 2016b和Giles 2012。

第十一章　漫遊之地

1. 關於艾特維女孩，參見Bergerbrant 2019，關於史克里斯楚普女子，參見Frei et al. 2017。關於新石器時代和銅器時代的移動概況，參見Bickle 2020, and Brown 2014。關於古羅馬女性的流動性，參見Foubert & Breeze 2014；Eckardt 2010；Eckardt et al. 2014。關於維京人

流動性的相關論述，參見Jarman 2021。

2. Brody 2001, 7、Kelly 1992, 43; 1995。

3. 考古界對於新石器時代的定居情況一直爭論不休，而且也有大量的文獻。可參考Whittle 2003, 39–44; 1997、papers in Bailey et al. 2005、Cribb 1991。關於更晚近的討論可參見Leary & Kador 2016。關於中石器時代的大型建築物，參見Gooder 2007、Waddington 2007、Woodman 1985。

4. 可參考如Kelly 1995、Barnard & Wendrich 2008。

第十二章　徒步旅行

1. 參見Rackham 1976 and 1986。

2. Kohn 2013、Macnaghten & Urry 2000。關於林地與考古學的延伸討論，參見See Noble 2017。

3. Noble 2017。

4. 參見Davies et al. 2003、Coble et al. 2003。

5. Solnit 2005。

6. Thoreau 1854, 111。

7. 更多討論參見Ingold 2000。

8. Ingold 2011。

9. Ingold 2000涵蓋了這些主題和更多的內容。

10. 這段巡行勘界紀錄來自赫姆斯利，時間可回溯到一六四二年。

11. 參見Houseman 1998。

12. Johnson 1996。

13. Houseman 1998。

14. 如同Lewis 2000的描述。關於考古學在這方面的紀錄，參見Georgiou et al. 2020。

15. 參見Dickson et al. 2003；Püntenera & Moss 2010。

16. 參見Rudenko 1970。

17. Michael 2000。

18. 關於中世紀的尖頭鞋，參見Dittmar et al. 2021；關於荷蘭木鞋，參見Vikatou et al. 2017。

19. 關於這一主題超越考古學領域的更廣泛討論，參見Michael 2000。引文出自Gilchrist 2012。

第十三章　道路滾動

1. 參見Brigham 2015。

2. 關於銳石山，參見Malim & Hayes 2010。關於錫爾切斯特，參見Fulford & Timby 2000, 26–8。

3. 關於古羅馬道路和本章討論的眾多主題，更詳細的資料參見Bishop 2014。
4. 關於威爾斯踏道，參見Fleming 2009；關於約克郡荒原的踏道，參見Evans 2008。關於中世紀早期道路的更多資訊，參見Lang lands 2019。
5. 參見Hindle 1998; 2016；以及Allen & Evans 2016。
6. Prestwich 2016。也請參見Labarge 1982 and Ohler 1989。
7. 靈柩路的更多介紹以及莎士比亞的引文都請參見Dunn 2020。
8. 參見Langlands 2019。
9. 參見Anthony 2007。
10. 更多相關內容，參見極為有趣的Moran 2009。

第十四章　流動

1. 這個案例出自Edgeworth 2014。
2. 考古學相關研究，參見Edgeworth 2014；整體性的理論研究，參見Strohmayer 2011。
3. Sauer 2016; Webb 2000; Cook 1998。
4. Edgeworth 2014。
5. 關於河流考古學的精采討論，參見Edgeworth 2011。
6. Widell 2017。

7. 關於圓形圍場和水流的關係，參見Richards 1996a & b。關於泰晤士河的石斧，參見Field 1989。

第十五章　天候

1. 我先前在Leary 2015中寫過相關內容。
2. Hulme 2017；Harris 2015。
3. 有關季節的精采討論，參見Harrison 2016a and b；以及Mabey 2013。有關中世紀季節的簡要討論，參見Ohler 1989；有關季節在舊石器時代的延伸討論，參見Hosfield 2020。
4. 想了解考古學是如何查考冰雪，參見Schofield 2009。
5. Maraszek 2009。

第十六章　時代長征

1. 關於希臘神話和英雄旅程的有趣討論，參見Lane Fox 2008。
2. 關於她的經典研究，參見Helms 1988。
3. 案例參見Helms 1988, 115 and 126。
4. 關於該主題的系列論文，參見Boivin & Owac 2004。
5. 關於玉斧頭，參見Pétrequin et al. 2013。關於昆布里亞的玉斧頭，參見Bradley et al. 1992

and 2002。

6. Boivin & Owac 2004、Brumm 2004。

7. 關於禮物交換，參見Mauss 1954，關於該主題在考古學中的脈絡，參見Fowler 2004。

8. Appadurai 1986、Hahn & Weiss 2013。

9. Gilchrist 2013、González-Ruibal 2013。更多以文物為基礎的研究，參見Olsen 2013 and Olsen et al. 2012。

第十七章　單程

1. 參見Will 2017。
2. 關於此問題的精采摘要，參見Bellwood 2013和Manco 2013。
3. 關於此一主題精采好懂的討論參見Reich 2018和Krausse & Trappe 2021。
4. Olalde et al. 2018、Armit & Reich 2021、Patterson et al. 2022。
5. 詳細說明參見Fitzpatrick 2011，本段描述也出自該資料。
6. Brace et al. 2019、Reich 2018、Krausse & Trappe 2021。
7. 考古學領域外有關遷徙的討論，參見Cohen & Sirkeci 2011。
8. Will 2017、Shah 2020。
9. Sennett 2011。

第十八章　航海

1. Brennand et al. 2003。關於海木陣的有趣描述，參見Pryor 2002。
2. Jarman 2021；Cunliffe 2017；Pye 2014。
3. 關於古羅馬郵政系統，參見Foubert & Breeze 2014；關於跨越大西洋之旅，參見Winchester 2010。
4. 參見Van de Noort 2011。
5. Van de Noort 2011；Cunliffe 2017。
6. 關於克里特島，參見Ferentinos et al. 2012；關於澳大利亞，參見Bird et al. 2016 and Norman et al. 2018。
7. Cunliffe 2017；Van de Noort 2011。
8. Clark 2004。關於那層沙的分析，參見Green 2004。

圖書館出版品預行編目資料

足跡：考古學家眼中的故道、 遠古人類與動物足印、史前車轍、朝聖路徑——一部始於足下、行不止息的人類移動史／吉姆・李瑞（Jim Leary）著；吳莉君譯. -- 一版. -- 臺北市：臉譜出版，城邦文化事業股份有限公司出版：英屬蓋曼群島商家庭傳媒股份有限公司城邦分公司發行, 2025年3月
　面；　公分. --（臉譜書房；FS0189）
譯自：Footmarks: A Journey into our Restless Past
ISBN 978-626-315-605-0（平裝）
1.CST: 考古學　2.CST: 人類學　3.CST: 歷史
790　113019176